亲历者
旅游书架

Follow Me

《亲历者》编辑部 编著 ★ 年年修订 ★

浙江
深度游

慢·旅·行·的·倡·导·者

U0650471

中国铁道出版社有限公司
CHINA RAILWAY PUBLISHING HOUSE CO., LTD.

图书在版编目（CIP）数据

浙江深度游 Follow Me /《亲历者》编辑部编著 . —4 版 . —北京：
中国铁道出版社有限公司 , 2024.7
ISBN 978-7-113-31227-5

Ⅰ . ①浙… Ⅱ . ①亲… Ⅲ . ①旅游指南 – 浙江 Ⅳ . ① K928.955

中国国家版本馆 CIP 数据核字（2024）第 091445 号

书　　名：**浙江深度游Follow Me**
　　　　　ZHEJIANG SHENDUYOU Follow Me

作　　者：《亲历者》编辑部

责任编辑：孟智纯　　　编辑部电话：（010）51873697
封面设计：尚明龙
责任校对：刘　畅
责任印制：赵星辰

出版发行：中国铁道出版社有限公司（100054，北京市西城区右安门西街8号）
印　　刷：番茄云印刷（沧州）有限公司
版　　次：2013年5月第1版　2024年7月第4版　2024年7月第1次印刷
开　　本：710 mm×1 000 mm　1/16　印张：14　字数：280 千
书　　号：ISBN 978-7-113-31227-5
定　　价：68.00元

如何使用本书

景区

精选浙江36个最热门的目的地，囊括浙江的旅游精华。

景区概述

用简练的语言，让读者对景区有一个整体认识。

微印象

精选自媒体平台、旅游网站上旅行者对景区做出的价值性点评，让读者对景区有一个初步的认识，确定旅游目的地。

基本信息

包括门票价格、景区开放时间、最佳旅游季节、进入景区的各种交通方式等实用信息。

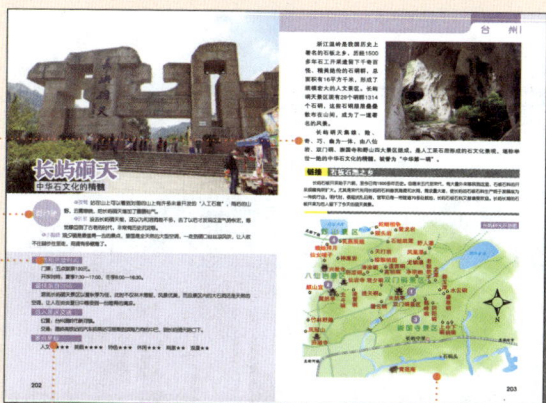

景区星级

从美丽、浪漫、休闲、人文、特色、刺激6个方面给景区评级。

景区示意图

标注景区出入口、游览线路、观光点、景区配套设施等信息。

子景点

观光点的详细介绍，并配有实用攻略、小贴士、旅友点评等丰富的资讯。

图片

选取精美图片，提升现场感，提供摄影参考。

景区攻略

包含住宿、美食、购物、娱乐、景区内部交通、旅游注意事项等，丰富且实用。

导读

提供浙江的基本背景信息，让读者先认识目的地，再开始旅行。

爱上城市

若干幅精美大片，让读者对目的地建立感性印象。

城市概览

以图文形式，梳理城市的地理、历史、文化等知识，让读者对目的地建立初步认识。

读懂城市

以专题的形式，介绍一些文化主题，让读者对目的地产生更深刻的认识。

浙江，
来玩就要有深度

浙江深度游
Follow Me
旅行的倡导

江南忆，最忆是杭州

杏花烟雨中的一湾流水，茶香氤氲中的轻弹浅唱，杭州总能满足你对江南的所有幻想。

杭州有着2200多年的悠久历史，其盛名又以西湖为首，它拥有三面云山、一水抱城的山光水色，以"淡妆浓抹总相宜"的自然风光延续至今，迷倒天下众生。

杭州之美，除了集江南神韵于一身的西湖十景外，人文景观同样丰富多彩，上至帝王将相，下至贩夫走卒，文化的遗迹随处可见。岳飞与秦桧、白娘子与许仙、白居易的白堤、苏东坡的苏堤……举不胜举。可以说处处有故事，处处有诗篇。

梦里水乡

浙江，历来是中国最富足的鱼米之乡，江河湖泊星罗棋布，形成了不同于北方的江南水乡风韵。

浙江的古镇，如同油纸伞下的小家碧玉，清丽婉约，像一首隽永的诗，像一幅水墨浸染的画。江南的匠人心灵手巧，利用多变的地形，使流水在房屋之间畅漾。水路、街巷呈不规则的网状纵横交错于民居之中，与之相映成趣。白墙黛瓦、亭台水榭，颜色淡雅，雕刻精致。

南浔、乌镇、西塘、安昌……这小桥、流水、人家的古镇，不正是你我梦里水乡的美丽图景吗？

江
南
水
乡

浙江，地处中国东南沿海长江三角洲南翼，东临东海，这里是大运河的终点，典型的富庶江南、鱼米之乡。

"江南好，风景旧曾谙。日出江花红胜火，春来江水绿如蓝。能不忆江南？"一首古诗真实再现了浙江令人流连忘返的自然风光。浙东水乡寺庙、浙西名山名水、浙南奇山丽水、浙北丝绸古镇，每一处风光都勾勒出一幅山水江南的迷人画卷。

自古浙江就拥有"鱼米之乡""丝绸之府"的美誉，更有"文化之邦"的盛名。从远古的建德人开始，河姆渡、马家浜和良渚原始文化揭开了文明的篇章。春秋时期的越国、三国的孙吴和十国时期的吴越均以浙江为发端。南宋以临安为都一度占据政治和文化中心地位，杭州为八大古都之一，仍有宋城遗留至今。

去浙江走一走吧，在雷峰塔下看夕阳，去灵隐寺上炷香，摇一摇船橹漂荡在水乡，浩瀚的东海也只隔了数重山，还有秀丽的青山和缥缈的江河，好山好水好风光总能抚慰心里的伤。在温润的江南酒过三巡，谁还在乎这里是异乡？

寻味浙江

浙菜源远流长，兼收山水之灵秀，博采各大菜系之所长，是中国八大菜系之一，品种丰富，由杭州菜、绍兴菜、宁波菜、温州菜四方风味组成。

浙江地处江南，气候温和，喜食新鲜鱼虾，菜肴历来注重原汁原味，讲究南北口味交融，烹饪时轻油腻轻调料，口感鲜嫩，不仅追求色、香、味俱全，还讲究菜品的形态精巧。

杭州作为浙江的省会又是文化之邦，每一道名菜背后必有动人的历史传说。无论是来自民间百姓，还是帝王将相，乾隆鱼头、东坡肉、西湖醋鱼等名菜，早已名扬四海。

目录

示意图目录

速读浙江

爱上浙江

山水画中山水诗
水乡古镇享人生
丝茶繁华富足地
临海踏浪登仙岛

浙江概览

浙江每月亮点
浙江地理
浙江历史
品尝江南美食
收获地道物产
体验民俗节庆
浙江经典三日游
浙江水乡古镇三日游

读懂浙江

钱塘大潮：看排山倒海，万马奔腾
京杭大运河：运河带来的繁华
丝绸：半壁西湖半壁绸
义乌：鸡毛飞上天
唐诗之路：一路走来一路歌
廊桥：穿山越岭于溪间
茶叶：一杯清茶一缕香
佛文化："东南佛国"静修地

山水画中
山水诗

浙山浙水，如画般的美景，如诗般的气韵。游过千岩竞秀、万壑争流的楠溪胜景，踏进山色青翠、江水澄碧的富春桃源，形如彩虹的泰顺廊桥架起了千年遗梦，以山水为躯的唐诗之路上沉淀着万千诗魂。待到春风又绿江南时，携酒扬帆，行尽江南数千里。

水乡古镇
享 人生

　　江南古镇历经千年岁月的洗礼，洗去的是人间的喧嚣，留下的是小桥、流水、人家，还有那沉淀之后再也抹不去的水乡风韵。来到古镇，远离城市的忙碌和喧嚣，漫步在旧时光里，享受这难得的宁静和安详。

丝茶繁华
富足地

　　吴越之地自古便富饶，江米满仓廪。如今的这片大地更是物产富饶，杭州的织锦、绍兴的布衣、宁波的绣衣无可比拟；西湖龙井茶、华顶云雾茶堪称一绝；义乌、东阳、永康、温岭等地的小商品更是生机勃勃，各有特色。

临海踏浪 ❁
登 仙岛

浙江最不缺的便是海与岛，"忽闻海上有仙山，山在虚无缥缈间"，仙山在这里早已不是一个虚无缥缈的梦，而是真真实实地落入了人间。踏着钱塘的浪，乘上出海的船，海天一色，如入仙境。

浙江 每月亮点

1月（农历正月初一至十五）
游玩推荐：百草园"梅花节"
地点：安吉中南百草园

2月（元宵节）
游玩推荐：舞龙表演
地点：金华人民广场

3月（农历二月十九）
游玩推荐：普陀山观音香会
地点：普陀山

4月（农历三月初三）
游玩推荐：三月三
地点：丽水景宁

5月（5月上旬）
游玩推荐：嘉兴生态文化旅游节暨南湖桃花节
地点：嘉兴梅花洲景区

6月（端午节）
游玩推荐：蒋村龙舟竞渡
地点：杭州西溪蒋村

7月（农历六月初六）
游玩推荐：兰溪"六月六"晒经旅游节
地点：金华兰溪

8月（中秋节前后）
游玩推荐：国际钱塘江观潮节
地点：嘉兴海宁

9月（9月15日）
游玩推荐：象山开渔节
地点：宁波象山

10月（农历九月初九）
游玩推荐：金华斗牛大奖赛
地点：金华牛场

11月（10月25日至11月3日）
游玩推荐：乌镇戏剧节
地点：桐乡乌镇

12月（农历腊月初一至十五）
游玩推荐：浙江东阳拘年鬼
地点：金华东阳

浙江
地理

人口：约 6627 万人（2023 年末）
面积：陆域面积约 10.55 万平方千米
民族：浙江省属各民族散杂居省份，汉族
人数最多，少数民族成分较多，但人口总
量不多。世居浙江的少数民族主要有畲族、
回族和满族等。

地形

　　浙江地形复杂，山地和丘陵占
70.4%，平原和盆地占 23.2%，河流
和湖泊占 6.4%，耕地面积仅 208.17 万
公顷，因此浙江有"七山一水两分田"
之说。浙江的地势由西南向东北倾斜，
大致可分为浙北平原、浙西丘陵、浙东
丘陵、中部金衢盆地、浙南山地、东南
沿海平原及滨海岛屿六个地形区。省内
有钱塘江、瓯江、灵江、苕溪、甬江、
飞云江、鳌江、京杭运河（浙江段）八
条水系和杭州西湖、绍兴东湖、嘉兴南
湖、宁波东钱湖四大名湖及人工湖泊千
岛湖。

气候

　　浙江的气候属亚热带季风气候类型，
主要特点是雨热同期。每年初夏，浙江各
地逐步进入"梅雨"季节，忽阴忽阳的，
人们在梅雨时节插秧。出梅后，就正式进
入三伏天了。浙江民间，有出梅后"晒霉"
的习俗，家家户户都将该晒的东西拿出来
晒晒太阳，驱散霉味。
　　浙江沿海一带最主要的气候灾害是台
风天气，这也是中国东南沿海一带夏季遭
遇较多的气候灾害之一，台风登陆后，会
造成很大的破坏性影响。

浙江
历史

远古时期

　　早在 5 万年前的旧石器时代，浙江就有原始人类"建德人"活动；境内已发现新石器时代遗址 100 多处，有距今 7000 多年的河姆渡文化、距今 6000 多年的马家浜文化和距今 5000 多年的良渚文化。

先秦时期

　　春秋时期浙江分属吴、越两国。这一区域在春秋战国以前为越人聚居地，也是越国的本部所在地，这里又曾被吴国占领，越王勾践卧薪尝胆，最终吞并吴国。

秦汉时期

　　秦朝和汉朝时浙江属于边陲地区，尤其在秦始皇和汉武帝时期，宁绍地区与岭南等地是罪犯流放之地。

隋唐时期

　　隋大业六年（610 年），京杭大运河全线贯通。开平元年（907 年）临安人钱镠建立吴越国，定都杭州，是五代十国之一。

宋朝时期

建炎元年（1127年），康王赵构定都临安（今杭州），是为南宋。南宋景炎元年（1276年），蒙古军破临安城，三年后，南宋灭亡。

明清时期

明清时期，浙江是最富庶的江南地区，嘉兴、湖州一带成为主要的生丝产地，浙江沿海对外贸易活跃。

近现代

1842年，因鸦片战争失败，中英签订《南京条约》，宁波成为最早的"五口通商"口岸之一。1921年，中国共产党在嘉兴南湖的一艘游船上宣告成立。1984年，宁波、温州成为首批沿海开放城市，此后浙江成为我国民营经济最发达的地区之一。

品尝
江南美食

浙江菜属于中国八大菜系之一，菜式讲究小巧精致，菜品鲜美、滑嫩、脆软清爽。地处江南的浙江饮食文化历史悠久，口味清淡，品种丰富，由杭州菜、绍兴菜、宁波菜、温州菜四方风味组成。还有各地的风味小吃，同样构成了浙江美食不可或缺的部分。

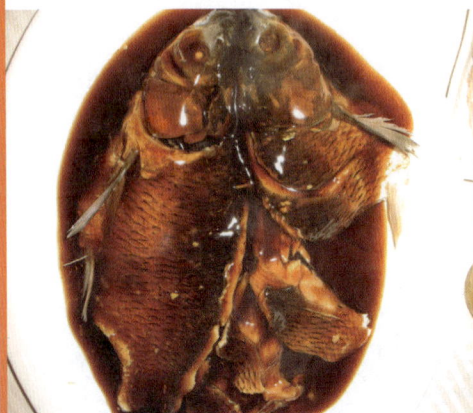

西湖醋鱼

　　"西湖醋鱼"是杭州传统风味名菜。此道菜选用西湖鲲鱼做原料，烹制时火候要求非常严格，仅能用三四分钟烧得恰到好处。烧好后，再浇上一层平滑油亮的糖醋，成菜色泽红亮，吃起来鱼肉嫩美，带有蟹味，酸甜可口。

哪里吃：杭州市仁和路83号的知味观是杭州最著名的老字号杭帮菜馆之一，远道而来的人都会想去吃一次。

东坡肉

　　东坡肉是一道以苏东坡的名字命名的菜肴。一道上好的东坡肉，色泽红亮，味醇汁浓，酥烂如豆腐而不碎，味道香糯而不腻口。

哪里吃：杭州天兴楼位于吴山广场与河坊街，餐厅既有传统的杭帮菜，又有创新的家常菜。如龙井虾仁清新爽口，东坡肉肥而不腻，价格适中。

梅干菜扣肉

　　梅干菜是绍兴的著名特产。绍兴梅干菜油光乌黑，香味醇厚，耐贮藏。可分为白菜干、油菜干和芥菜干三种。梅干菜加上红烧肉，肥而不腻，鲜香可口。

哪里吃：绍兴环山路8号的绍兴饭店是老牌五星级酒店，也是绍兴第一家接待外宾的饭店，代表了绍兴菜的最高水准。

嘉兴粽子

　　粽子是浙江嘉兴的特色传统名点，以糯而不糊、肥而不腻、香糯可口、咸甜适中而著称。尤以鲜肉粽最为出名，被誉为"粽子之王"。

哪里吃：五芳斋粽子当属最正宗。

宁波汤圆

　　宁波汤圆是江南小吃之冠，汤清光洁，口感佳美，"香甜鲜糯滑"五个字占全了。汤圆盛入碗后，再加白糖、桂花及红绿丝，汤清色艳，团圆光泽，桂花香浓。

哪里吃：缸鸭狗位于宁波市海曙区中山东路188号，是宁波有名的百年老店，以小吃闻名，汤圆颗颗饱满，芝麻馅甜而不腻，入口爽滑，口感甚好。

拔丝金腿

　　以正宗金华火腿为原料制成甜菜。当食客用筷子拣起一块金黄发亮的拔丝小腿，立即拉出缕缕透明的糖丝，咬开鲜脆的外皮，醇香扑鼻而来，咸、甜、香、鲜集于一口，是一道著名甜菜。

哪里吃：在位于义乌市望道路的吴宁府火腿文化主题餐厅里，可以品尝很多以火腿为原料的美食。

收获
地道物产

浙江物产丰富，各种特产可谓琳琅满目。温润的气候滋养了茶叶的香醇，自古江南多绸缎，还有绍兴的黄酒、金华的火腿都历史悠久，来浙江游玩的话千万不要错过。

西湖龙井

龙井茶素以"色绿、香郁、味甘、形美"四绝著称，茶叶形状扁平、光滑，冲泡之后，颗颗悬于水中，芽芽直立，茶香持久，滋味甘醇。

杭州丝绸

杭州丝绸历史悠久，有绸、缎、绫、绢等十几类，织锦缎色泽鲜艳，绸纹细腻，素有"天上云霞，地上鲜花"的美誉；古香缎图案取意悠远，栩栩如生。

绍兴黄酒

绍兴黄酒是中国黄酒的代表，有山酿、加饭、花雕、香雪、状元红等品种。黄酒主要呈琥珀色，透明澄澈，有诱人的馥郁芳香。这种香味会随着时间的久远变得更为浓烈。

金华火腿

金华火腿又称火腿，具有俏丽的外形、鲜艳的肉色、独特的芳香，悦人的风味，以色、香、味、形四绝而著称于世。清时由浙江籍内阁学士谢墉引入北京，被列为贡品。

安吉白茶

安吉白茶属于中国六大茶类之一的绿茶，因其加工原料采自一种嫩叶全为白色的茶树而得名。安吉白茶外形细秀，形如凤羽，色如玉霜。泡制后，汤色鹅黄，清澈明亮。

龙泉青瓷

龙泉青瓷始于南朝，兴于北宋，盛于南宋，历史悠久。宋代时，龙泉青瓷位列五大名窑之一。龙泉的青瓷以瓷质细腻、线条明快流畅、造型端庄浑朴、色泽纯洁而斑斓著称于世。

体验
民俗节庆

每一种节庆习俗都是当地文化的一种体现。浙江偏居江南，独特的自然风光总会催生出不一样的文化习俗，钱塘江的大潮、普陀山的观音会、象山的开渔节……每年都会吸引大批游客远道而来。

钱江观潮节

观潮节是流行于浙江杭州和嘉兴地区的民间节日。每年农历八月十八，浙江钱塘江有大潮，涨潮时，浪涛排山倒海，气势十分壮观，数十千米的长堤之上，更是人山人海。

时间：农历八月十八

西溪龙舟文化节

文化节期间将举行"请龙王"的传统仪式，游客们能见到原汁原味、充满讲究的流程环节，增进对民族文化的了解。比赛时，这片水域浪花翻飞、锣鼓喧天，划手们乘船蹈浪、气势如龙，热闹非常。

时间：端午小长假

普陀山香会节

每年农历二月十九是观音圣诞日，这一天海内外佛门弟子，不论远近纷纷从四面八方云集普陀山敬香朝拜和参加法会。此时全山彻夜灯烛辉煌，讲经诵佛之声通宵达旦，呈现出庄严虔诚的节庆氛围，场面蔚为壮观。

时间：农历二月十九

浦江元宵板凳龙

　　浦江板凳龙是盛行于浦江县乡村的一种传统民俗舞蹈。人们将板凳一条条串联起来，舞动时远远看去就像一条条游动的龙灯。这活动不仅保留了江南沿海一带的传统文化，同时也保留了书画、剪纸等民间艺术。

时间：农历正月十五

象山开渔节

　　象山县是中国著名的滨海小城之一，每年一届在此举行的"开渔节"开创了中国独一无二的海洋庆典活动。在禁渔期结束后，渔民们拜过妈祖，在海港纷纷出海，场面热闹非凡，具有浓郁的渔乡风情和海滨旅游特色。

时间：9月15日左右

畲族三月三

　　景宁是全国唯一的畲族自治县，每年农历三月三是畲族的传统节日，又称"乌饭节"。在这一天畲族人民都要举行盛大歌会，并祭祖先拜谷神，载歌载舞，还要吃乌米饭，缅怀祖先，款待来客。

时间：农历三月三

浙江
经典三日游

DAY 1

早餐后去湖滨晴雨风光带，在此眺望西湖，随后去白堤—孤山岛，观断桥，寻白娘子传奇。午后来曲院风荷，登迎薰阁远眺，继续前行便到了苏堤—花港观鱼。黄昏时分，去雷峰塔公园看雷峰夕照。

DAY 2

早上去灵隐寺，秉持一颗诚心，感受禅意文化和空灵之美，随后乘着摇橹船在西溪湿地前行，体味"西溪，且留下"的故事。傍晚在河坊街，观仿古建筑，品小吃，体会杭州的古色古香。

DAY 3

进入杭州西湖龙井虎跑景区，游览龙井问茶、九溪十八涧、六和塔和虎跑梦泉，品纯正的龙井，了解龙井文化。

白堤　曲院风荷　雷峰塔公园
苏堤
湖滨晴雨风光带　灵隐寺　西溪湿地　西湖龙井虎跑景区
河坊街

浙江 水乡古镇三日游

DAY 1

　　游览水乡乌镇，上午先去逛一逛东栅景区，东栅虽小，但生活气息很浓，有皮影戏馆、三白酒作坊、修真观，以及茅盾故居等景点。下午和晚上的时光则留给西栅，水巷、古桥和白墙被灯火映照着，美不胜收，乘摇橹游览更有意境。

DAY 2

　　早餐后离开乌镇，前往嘉兴南湖景区，这里不仅有江南秀美的风光，还是我国近代史上重要的革命纪念地。沿湖新修了不少小园林，是休闲漫步的好去处。下午乘车前往西塘，在茶楼里品茶听曲，或去酒吧找一点儿古朴中的现代感。

西栅景区　　嘉兴南湖景区

　　　　　　　　　　　　　　　　西塘

东栅景区

DAY 3

　　在西塘细细品味这里的慢生活，穿梭在长短各异的老弄堂里。如果是雨季，可坐在廊棚下欣赏烟雨中的西塘，感受江南水乡的柔情多姿。

钱塘大潮
看排山倒海，万马奔腾

钱塘江历史悠久，最早见名于《山海经》，因流经古钱塘县（今杭州）而得名，是吴越文化的主要发源地之一。

钱塘江沿河两岸有许多名山、秀水、奇洞、古迹。河道蜿蜒曲折，上游为山溪性河道，束放相间；中游为丘陵；下游江口外呈喇叭状。正是因为杭州湾喇叭口的特殊地形，再加上天体引力和地球自转的离心作用，造就了世界一大自然奇观——钱塘江大潮。

钱塘观潮始于汉魏，盛于唐宋，历经两千余年，已成为当地的习俗。尤其在中秋佳节前后，八方宾客蜂拥而至，争睹钱江潮的奇观，盛况空前。"八月十八潮，壮观天下无。"这是北宋大诗人苏东坡咏赞钱塘秋潮的千古名句。每年的农历八月十八前后，钱塘江涌潮最大。这期间，秋阳朗照，金风宜人，钱塘江口的海塘上，游客群集，兴致盎然，争睹奇景。

观赏钱塘秋潮，有三个最佳位置。海宁市盐官镇东南的一段海塘为第一个观潮佳点，这里的潮势最盛，且以齐列一线为特色，故有"海宁宝塔一线潮"之誉；在第二个观潮佳点——盐官镇东8千米的八堡，可以观赏到潮头相撞的奇景，好似山崩地裂，满江耸起千座雪峰，着实令人触目惊心！在第三个观潮佳点——盐官镇西12千米的老盐仓，可以欣赏到"返头潮"。这里，有一道高9米、长650米的丁字坝直插江心，潮水至此，气势已经稍减，但冲到丁字坝头，仍如万头雄狮惊吼跃起，激浪千重。随即潮头转，返窜向塘岸，直向塘顶观潮的人们扑来，常使观潮者措手不及，惊逃失态。

钱塘江大潮，白天有白天波澜壮阔的气势，晚上有晚上的诗情画意；看潮是一种乐趣，听潮是一种遐想。难怪有人说"钱塘郭里看潮人，直到白头看不足"。

京杭大运河
运河带来的繁华

　　京杭大运河是世界上里程最长、工程最大的古代运河，也是最古老的运河之一。大运河南起余杭（今杭州），北到涿郡（今北京），途经今浙江、江苏、山东、河北四省及天津、北京两市，贯通钱塘江、长江、淮河、黄河、海河五大水系，全长约 1797 千米。春秋时期，吴国为伐齐国而始凿，隋朝大幅度扩修并贯通至洛阳且连涿郡，元朝翻修时弃洛阳而取直至北京，开凿到现在已有 2500 多年的历史，是中国第 46 个世界遗产项目。

　　京杭大运河杭州段北起余杭塘栖，南至钱塘江，全长约 39 千米，贯穿杭州市余杭、拱墅、下城、江干四个城区。沿河有很多以运河文化、古街历史为主题的游览点，还有不少博物馆和美食街，坐着水上巴士去游运河、享美食、看博物馆，不仅节省时间，还能娱乐、研学两不误。

　　游大运河，推荐水上巴士 1 号线。从濮家、武林门经信义坊到拱宸桥的这条游线，沿途有不少博物馆和美食街。武林门站附近的浙江自然博物馆、浙江省科技馆等适合孩子们来增长见识。信义坊站附近以美食为主，信义坊美食街、大兜路历史街区、胜利河美食街都位于这一带。信义坊的香积寺是中国唯一一供奉监斋菩萨的寺庙，里面有两座清代石塔。拱宸桥站旁边的桥西历史文化街区有许多茶馆、饭店、咖啡馆，晓风书屋、杭州工艺美术博物馆就在这里，还可以逛逛小河直街，感受一下浓浓的人间烟火气息。若选择夜游，还可以赏运河两岸的灯光工程，体验华灯初上夜未央的绚烂。

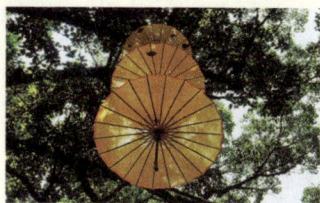

丝绸
半壁西湖半壁绸

　　春秋时期，越王勾践以"奖励农桑"为富国之策；五代十国吴越时期，"闭关而修蚕织"；明代，杭嘉湖地更有了"丝绸之府"的美誉；清代的杭州"机杼之声，比户相闻"。距今 4700 多年的良渚文化出土丝织物揭示了杭州丝绸的历史之久，唐代大诗人白居易"丝袖织绫夸柿蒂，青旗沽酒趁梨花"的诗句道出了当时杭州丝绸的水准之高，旧时清河坊鳞次栉比的绸庄更见证了丝绸经济的繁荣。可以说，丝绸织就了杭州乃至浙江省的一部分历史。

　　杭州丝绸质地轻软，色彩绮丽，品种繁多，有绸、缎、绫、绢等十几类。织锦缎色泽鲜艳，绸纹细腻，富有弹性，素有"天上云霞，地上鲜花"的美誉；古香缎图案取意悠远，四季花卉、亭台楼阁、小桥流水，栩栩如生。杭州丝绸必首推都锦生。都锦生丝绸厂曾是中国最大的丝绸工艺品生产的出口企业，主要生产风景画、台毯、靠垫、窗帘及织锦衣料，产品富丽堂皇、雍容华贵，被国际友人誉为"东方艺术之花"。

　　由丝绸衍生出的手工艺品深受世界各地游客的喜爱，如丝绸画、丝绸织锦、蚕丝被等。还值得一说的是绸伞，绸伞是杭州传统工艺品，创始于 1932 年。以竹为骨，以绸为面，具有优美的造型和绚丽的色彩。伞骨选用富阳淡竹，伞面选用特制的杭绸覆盖，质薄轻柔，透风耐晒，制作极为精细，伞面的颜色有红、黄、蓝、绿等，图案用刷花、绘花、刺绣、刷绣等不同方法制成，有虫鸟花卉、西湖风景等，张开时宛如花朵盛开。

义乌

鸡毛飞上天

提起义乌，很多人一定会第一时间想到"批发"二字，没错，这里就是国际性的小商品流通、资讯、展示中心，是中国最大的小商品出口基地之一。

义乌小商品交易历史悠久，兴起于清朝乾隆年间。当地农民以"鸡毛换糖"的形式进行主要商业活动，他们用红糖换取鸡毛做鸡毛掸子，每逢过年过节，便走街串巷进行买卖。改革开放初期，义乌开始创建小商品批发市场，在历经数次搬迁和扩建后，这里已发展成全国最大的小商品集散地。

义乌国际商贸城内有很多特色商品，玩具行业就是其中之一。全球每四个玩具里就有一个来自浙江义乌，这里也是全球玩具的采购中心。还值得一提的是义乌国际商贸城里面让人眼花缭乱的饰品店铺。义乌的商铺都是分类经营，同类物品放在一起行销的话竞争非常激烈，要比质、要比价，所以很多饰品商家都采用了前店后厂的模式，即市场上有自己的销售视窗，后方又有自己的工厂来保证供应。

在义乌国际商贸城有句老话，这里是"小商品的海洋，购物者的天堂，只有你想不到的，没有你买不到的"。义乌的小商品城不仅是义乌人的，还是全中国的，也是全世界的，充满着巨大商机。"中国制造"正经由义乌走向世界，拉动着中国经济的增长。

唐诗之路
一路走来一路吟

　　"越人语天姥，云霓明灭或可睹……"吟诵唐诗《梦游天姥吟留别》，李白脚着谢公屐，身登青云梯，慕名寻访天姥山的场景仿佛就在眼前。这首语文课本中的诗，启蒙了一代又一代人对山水诗的感知。诗中的天姥山就在今天的浙江省新昌县境内。

　　30多年前，浙江学者在研究唐诗的过程中发现了一条隐藏在历史中的山水古道，我们可以称之为"唐诗之路"。这是一条神奇的诗路，仅唐朝一代，就有数百位诗人在这里留下了1000多篇诗作。是怎样的明妍风光，扣动了那么多文人的心弦？

　　唐诗之路指的是古代剡中（今浙江新昌、嵊州一带）一条唐代诗人往来比较频繁、对唐诗发展有着重大影响的古代旅游风景线。古人畅游以水路为主，水尽则登山而歌，会稽、天台、四明三大名山在此盘结，其间百溪清流环绕，奔腾有声，汇聚为剡溪，而剡溪乃登天台山必经之路，两岸风光如画。天台山上又有著名的石梁飞瀑，诗人纷至沓来。

　　我们以诗作为例，从这些文字中，便可窥探出这条诗路的魅力所在。杜甫曾赞道："越女天下白，鉴湖五月凉。剡溪蕴秀异，欲罢不能忘。""诗仙"李白更是这里的常客，留下了《别储邕之剡中》《梦游天姥吟留别》等诸多诗作。孟浩然在乘舟前往新昌的时候，越中山水也是让他流连忘返："潮落江平未有风，扁舟共济与君同。时时引领望天末，何处青山是越中。"

　　盛唐时期，先后有400多名诗人沿着山水诗鼻祖谢灵运的足迹，从钱塘西陵古渡出发至绍兴镜湖，沿曹娥江溯剡溪而上，经新昌沃江、天姥，至天台山石梁。他们一路走来一路吟诗，留下了1000多首诗歌，吟诵出一条千里飘香的"唐诗之路"。

廊桥
穿山越岭于溪间

　　廊桥亦称虹桥、蜈蚣桥等，是一种有顶的桥，可保护桥梁，同时亦可遮阳避雨，供人休憩、交流和聚会，主要分布在我国南方地区。廊桥主要有木拱廊桥、石拱廊桥、风雨桥、亭桥等。其中木拱廊桥分布于闽浙边界山区。浙江泰顺一带保存有大量的古廊桥，被称为"中国廊桥之乡"，目前尚存 200 多座。泰顺廊桥以其巧妙优美的结构造型，再现了《清明上河图》的虹桥形象。

廊桥的廊棚部分：以直立和横向的木柱做支撑，木柱互相别压穿插，不用钉铆，互相之间的摩擦力使得横梁不能滑动，结构简单而奇妙。

屋檐：一般设两层，翼角飞挑，颇有吞云吐雾之势；屋脊平缓有序，转折处弯曲有度。有的桥屋中间建有歇山屋顶，使屋檐变化有了主次之分，具有强烈的韵律感和明快的节奏美。

廊屋

桥体

桥墩

廊桥的脚下部分：以木头编成的排架搭建而成，排架两头固定于桥两端的土石当中，这种排架能够支撑整个廊桥数百年乃至千年之久。

红漆：廊桥大多在风雨板上刷红漆，不仅起到保护木材的作用，也增添了廊桥的美感。

开窗：人行走在廊屋中，窗外的山光水色尽入眼中，使窗外的风景产生图画一样的效果。

茶叶
一杯清茶一缕香

"茶者，南方之嘉木也"。早在6000多年前，长江下游的古人就已经开始种植野生茶树了。千百年来，中国人对茶叶有种根深蒂固的情愫，茶乃中国的"国饮"。在中国茶文化的版图上，位于东南沿海的浙江一直占有一席之地。

浙江素有"丝茶之府"的美称，早在三国时期，浙江就开始栽植茶叶。唐朝陆羽在浙江湖州写下了举世闻名的《茶经》，被尊为"茶圣"。浙江的茶树，是从云南一带，经过四川，沿着长江传过来的，至今已有1000多年历史了。据《茶经》记载，当时浙江的茶叶分为浙西和浙东。浙西以湖州为上品，常州、杭州次之；浙东以越州（绍兴）为上品，明州（宁波）、婺州（金华）次之。除此之外，温州的永嘉、睦州的淳安也盛产茶叶。由此可见，浙江的茶叶遍及全省。

浙江多山，浙江的名茶也大多都是产自这些名山之中。"白云峰下两旗新，腻绿长鲜谷雨春"，西子湖畔的龙井茶可谓闻名遐迩，号称中国名茶之冠；普陀山的佛茶又称佛顶山云雾茶，杜牧诗写的"今日鬓丝禅塌畔，茶烟轻扬落花风"，就生动地描写了老僧煮茶时闲静雅致的情景；还有天台山的华顶云雾茶、雁荡山的白云茶，都与这些名山相伴。

随着茶叶的广泛种植，饮茶也成为民间生活的重要部分。中国是礼仪之邦，但凡来了客人，沏茶、敬茶的礼仪是必不可少的。中国人饮茶，注重一个"品"字。"品茶"不但能鉴别茶的优劣，而且带有神思遐想和领略饮茶情趣之意。在百忙之中泡上一壶清茶，择雅静之处，自斟自饮，可以消除疲劳、涤烦益思；也可以细啜慢饮，怡然自得，享受茶叶的清香。

佛文化

"东南佛国"静修地

　　"东南佛国"一般指五代十国中的吴越国。吴越国地处中国东南，以钱塘（今杭州）为中心，建国七十余年间佛教盛行，宝刹众多，故被称为"东南佛国"。佛教东传，肇自两汉。杭城佛教，始于东晋，吴越之际，盛于中国。

　　寺庙一般喜欢修建在深山之中，人迹罕至、环境清幽有利于修身养性，而拥有天然地利的浙江顺理成章地成为佛教聚集之地。南宋时期著名的"五山十刹"就有许多坐落在浙江。普陀山从明代起就被列为佛教四大名山之一，早有"海天佛国"之美誉，是闻名天下的南海观音菩萨的道场所在地。天台山国清寺、宁波天童寺、绍兴嘉祥寺、杭州径山寺等寺庙均是佛教教宗的祖庭。著名的寺庙还有杭州的净慈寺，宁波的七塔寺，普陀山的普济寺、慧济寺、法雨寺，天台的高明寺、方广寺，新昌的大佛寺，以及温州的江心寺等。

　　浙江不仅寺庙众多，而且名僧如云、高僧辈出，出现了像道济、布袋、弘一等一大批具有传奇色彩的大德高僧，寺僧相互映衬，共同推动了佛教的兴盛。宁波阿育王寺藏有释迦牟尼舍利；净慈寺开山祖师道潜禅师，深受佛教信众尊敬；名僧道济在杭州灵隐寺出家，净慈寺圆寂，归葬于虎跑寺；虎跑寺也是弘一法师皈依佛门处。

　　浙江这些名寺古刹拥有巧夺天工的建筑工艺、精美的雕刻艺术、绝伦的冶金铸造，每年都吸引了世界各地众多的信徒、游客纷至沓来，香火终年旺盛。

第 1 章

杭州
及周边

杭州西湖

灵隐寺

西溪湿地

天目山

富春江小三峡

千岛湖

嘉兴南湖

西塘

乌镇

中国大竹海

莫干山

鲁迅故里

柯岩风景区

五泄风景区

浙江深度游
Follow Me
爱旅行的伴导者

杭州西湖

人间天堂

门票和开放时间

门票：进入景区免费，部分景点单独收费。开放时间：全天开放。

最佳旅游时间

春秋冬季为宜。每年的3~5月份，阳光明媚，天气晴朗；9、10月份，秋高气爽，万里无云；冬季时节，断桥残雪，素裹西湖，别有情趣。

进入景区交通

位置：杭州市西湖区西湖风景区。

交通：乘地铁1号线至凤起路、龙翔桥站可到湖滨附近。西湖沿岸有不少公交站，几条旅游公交线基本涵盖西湖周边所有景点。

景点星级

人文★★★★★　　美丽★★★★★　　浪漫★★★★★　　休闲★★★★★　　特色★★★★　　刺激★★

① 断桥残雪—西泠印社

　　现在的断桥为拱形独孔环洞石桥，是 1921 年重建的。桥东有康熙御题"景碑亭"，亭侧建有水榭，青瓦朱栏，飞檐翘角，有题额"云水光中"。桥的东北有碑亭，内立"断桥残雪"碑。断桥残雪是每当瑞雪初晴，从宝石山上眺望，桥阳面已冰消雪化，向阳面望去，犹如"雪残桥断"，而桥阴面却还是白雪皑皑，故从阴面望去，"断桥不断"。

　　西泠印社居山而建，由上、中、下三部分组成，构思布局精巧绝妙，与周边的景色融为一体，主要建筑有华严经塔、柏堂、竹阁、中国印学博物馆等。华严经塔平面为八角形，共 11 级，塔上雕刻有经文与佛像，精美生动。当年白居易游孤山时常驻足于竹阁和柏堂，堂内陈列有历代名家的金石、书法等作品。

链接

　　西泠印社创立于清光绪三十年（1904年），由浙派篆刻家丁仁、王褆、吴隐、叶铭等发起创建，是海内外研究金石篆刻历史最悠久、成就最高和影响最广的学术团体，有"天下第一名社"之盛誉。

② 岳王庙

　　岳王庙面对西湖，背靠青山，是西湖山水秀丽风光的另外一道风景线。它是历代纪念抗金英雄岳飞的场所，始建于南宋嘉定十四年（1221 年），后代屡毁屡建。如今的岳王庙规模宏大、气势宏伟，由门楼、忠烈祠、岳飞墓等景点构成。

　　景区门楼上悬黑底镏金的"岳王庙"三字竖额，两边围墙高耸，前列石阶，气势巍峨庄严。忠烈祠大殿是岳王庙的主体建筑，面积约 400 平方米，重檐间悬挂着一块"心昭天日"横匾，为叶剑英元帅题写。大殿正门两侧和内廊柱上，镌刻着许多楹联。大殿里供奉有岳飞的塑像，大殿后面的墙上，有八幅大型彩色壁画，忠实地记录了这位抗金英雄气壮山河的一生。

点赞 👍 @zlfzlf 岳王庙，前庙后坟，岳王庙是体验杭州历史文化的古迹之一，既有文物，又有文字、图片记录岳飞的抗金历史，很值得一去！

❸ 柳浪闻莺

西湖十景之一，地处西湖南岸，公园的主景就是柳树，有春柳 500 余株。这些垂柳以景寓意，有"醉柳""浣沙柳"等。公园分友谊、闻莺、聚景、南园四个园区。

闻莺园的闻莺馆是公园的中心，也是公园的主景，这里的建筑亭廊相接、曲折有致。它的北面是建筑别致的科技画廊，南侧是绿树环绕的露天舞台。

小贴士

每到夏天，闻莺园就是人们消暑纳凉之处，露天舞台也成了人们即兴表演节目的地方。

❹ 苏堤春晓

苏堤是苏东坡就任杭州时，疏浚西湖，利用挖出的葑泥构筑而成的。苏堤春晓为"西湖十景"之首。苏堤南起南屏山麓，北到栖霞岭下，是一条贯穿西湖南北风景区的林荫大堤，全长近 3000 米，堤宽平均 36 米。堤上建有六座单孔石拱桥，分别为映波、锁澜、望山、压堤、东浦、跨虹。桥上看景，各有不同。沿堤栽植杨柳、碧桃等观赏树木以及大批花草。

寒冬一过，苏堤便换上新颜，杨柳依依，桃夭灼灼，更有湖波如镜，映照倩影。最美丽不过晨曦初露，不过月沉西山，清风拂面，柳丝舒卷飘忽，置身堤上，如处梦幻之境。

点赞 👍 @hydepark 盛夏前往，傍晚时人并不多，绿荫掩映，凉风习习，丝毫不觉炎热，比较适合漫步。如果觉得距离遥远而乘坐电车游览，则会浪费了如此美景。

杭州西湖环湖景区示意图

❺ 三潭印月

三潭印月又名"小瀛洲"，西湖十景之一，是西湖湖中三岛中面积最大的一个。全岛连水面在内面积约 7 万平方米，南北有曲桥相通，东西以土堤相连，桥堤呈"十"字形交叉，将岛上水面一分为四，空中俯瞰形如一个特大的"田"

字，具有湖中有岛、岛中有湖、园中有园、曲回多变、步移景新的江南水上庭园的艺术特色，在西湖十景中独具一格，为我国江南水上园林的经典之作。

"三潭"是岛南湖中的三座小石塔，为苏东坡治杭期间所建。塔呈宝瓶状，高约2米，塔基为扁圆形石座，塔身为球形，中间为空洞。四周环有5个小圆孔，塔顶呈葫芦形。每至中秋月夜，放明烛于塔内，洞口蒙以白纸，灯光外透宛如15个月亮，月光、月影、灯光和湖光交相辉映，塔影、月影、云影融成一片，十分迷人。

点赞 👍 @博书士子 三潭印月是西湖中挺有特色的一个景点，如果坐船可与三塔来个亲密接触，不过船不能上岛，要上岛需另买票。

⑥ 雷峰夕照

雷峰夕照位于西湖湖南、净慈寺前的夕照山上，与北山的保俶塔一南一北，隔湖相对，有"雷峰如老衲，保俶如美人"之誉。雷峰夕照是指在夕阳西下之时，晚霞镀塔，塔影横空。

雷峰塔塔身是平面八角形仿唐宋的楼阁式塔，各层盖铜瓦，转角处设铜斗拱，飞檐翘角下挂铜风铃，风姿优美，古色古韵，同时还有外挑平座可供观景。塔内副阶内底层下是雷峰塔遗址，底层设遗址玻璃防护罩，站在底层可直接观看遗址。另外，雷峰塔地宫内还藏有大批珍贵文物，如金棺、丝织品和古钱币等。

链接 雷峰塔的历史

雷峰塔是吴越国王钱俶因宠妃得子而建的，明嘉靖年间雷峰塔毁于战火，仅剩砖砌塔身。清末民初，民间盛传雷峰塔砖能够"辟邪""宜男"，塔砖屡屡遭到盗挖，塔身在1924年9月25日轰然坍塌。

2002年10月25日，新建的雷峰新塔如期落成。新塔按照雷峰塔原有的形制、体量、风格，在原址上重建而成，整个塔身采用钢材框架作为建筑支撑，相比于原塔而言更为坚实。整座雷峰塔采用了大量的铜饰，外表更加庄重美观。另外，塔内还有极为丰富的文化陈设。

地图标注

- 裕都宾馆
- 省政府
- 世贸中心
- 皇上人间
- 宝麓山庄
- 茗仁茶楼
- 沙孟海故居
- 凤起宾馆
- 浙江银行
- 龙洞
- 保俶塔
- 龙洞
- 宝云山
- 宝石山
- 宝石流霞
- 望湖楼
- 少年宫
- 望湖宾馆
- 抱朴道院
- 智果禅寺
- 保俶山庄
- 断桥
- 六公园
- 葛岭山庄
- 北街寻梦
- 断桥残雪
- 湖畔居
- 华侨饭店
- 新新饭店
- 湖滨晴雨
- 湖滨
- 镜湖厅
- 锦带桥
- 知味观
- 平湖秋月
- 孤山
- 山公园
- 西湖美术馆
- 浙江省博物馆
- 一公园
- 青藤 元华
- 大华饭店 南茶馆 商城
- 西湖天地
- 东方大酒店
- 西
- 湖心亭
- 湖畔茶座
- 敞环碧
- 涌金广场
- 西湖大道
- 杨柳宾馆
- 仲莲假日酒店
- 钱祠表忠
- 潘天寿纪念馆
- 钱王祠
- 茅以升故居
- 花园餐厅
- 吴山酩楼大酒店
- 湖
- 柳浪闻莺
- 吴山广场
- 柳莺宾馆
- 吴山天风
- 学士公园
- 天度茶室
- 三潭印月
- 城隍阁
- 缩澜桥
- 菲乐餐厅
- 汪庄
- 海底世界
- 雷峰塔
- 聚湖茶苑
- 云居山
- 夕照山
- 浙江省美术馆
- 雷峰夕照
- 革命烈士纪念馆
- 长桥
- 港观鱼
- 南湖
- 丽府粤菜
- 净慈禅寺
- 杭州师范大学音乐学院
- 万松岭隧道
- 南宋太庙遗址
- 南屏晚钟
- 太炎墓
- 石佛洞
- 万松书缘
- 张苍水墓
- 南屏山
- 报恩寺遗址
- 玉皇山庄
- 九华山
- 荔枝峰
- 中国丝绸博物馆
- 南宋皇城遗址

攻略

交通 游遍景区不犯愁

❶ **公共自行车**：西湖周边有很多共享单车，游客可以扫码骑车游湖，走走停停尽览美景，分外惬意。

❷ **环湖观光电瓶车**：西湖观光游览车共分4个区间，每个区间10元/人，环湖一周40元/人。如中途下车，车票作废，再次乘坐需重新购票。

❸ **观光巴士**：Y9路环湖游览巴士，起点与终点均在黄龙体育中心。全程约1.5小时，途经景点有曲院风荷、岳王庙、花港观鱼、雷峰夕照、断桥残雪、苏堤春晓等景点。

❹ **西湖游船**：画舫（湖滨二公园码头、少年宫码头）、休闲船（钱王祠码头、五公园码头等），在任意码头上船，可上岛游览三潭印月后任选湖滨、中山、岳庙、花港码头上岸；自开船（断桥码头）可在北里湖游玩；自划船（六公园码头）可在外湖划船。

美食 饕餮一族新发现

西湖及周边有很多餐馆可供选择。

孤山岛上的楼外楼餐馆（西湖区孤山路30号），著名的菜肴有西湖醋鱼、龙井虾仁、叫花鸡等，味道鲜美，不过价格也比较贵；明鉴楼（西湖区孤山路2号），推荐清炒茶树菇、牛蛙煲和蛋黄南瓜等。

雷峰塔附近的藕香居餐厅（西湖区南山路11号），主营杭帮菜和水产品。

灵隐寺

江南千年古刹

@一年只有10天假 国庆节带孩子游玩杭州，第二天就去了灵隐寺，大殿很雄伟，景色很优美。去灵隐寺，最好是一早就去，下午不要出来太晚，否则很难坐车。

@zlfzlf 灵隐景区的面积大过灵隐寺，包括飞来峰石刻群，以及永福寺等一些寺院。灵隐寺的名气比较大，寺里还有一个小博物馆，里面竟然还能看到敦煌手书。

门票和开放时间

门票：飞来峰45元，灵隐寺30元，法云古村免费。

开放时间：7:00—18:15。

最佳旅游时间

春季最为适宜，百花争艳，是杭州最美丽的季节。

进入景区交通

位置：西湖区灵隐路法云弄1号。

交通：市区乘坐J17、J18、K7、K807、K837、Y1、Y2到灵隐站下车。

景点星级

休闲★★★★　特色★★★★　人文★★★★　美丽★★★　浪漫★★　刺激★★

灵隐寺是杭州最负盛名的佛教寺庙，它始建于东晋咸和三年（328年），至今已有1600余年的历史。寺庙背靠北高峰，面朝飞来峰，共占地100多亩，殿宇恢宏，建构有序，气象宏伟，有天王殿、大雄宝殿、药师殿、法堂、华严殿、飞来峰摩崖石刻等景点。

① 天王殿—药师殿

天王殿是灵隐寺山门内的第一重殿，殿门正上方挂有康熙皇帝题写的巨匾。殿正中供奉有弥勒菩萨，腆着大肚，微笑面对世事。弥勒菩萨像两旁是四大金刚，个个身穿盔甲，手持武器，怒目而视。菩萨像的背后是韦驮菩萨像，是南宋初期遗物，用一根香樟木雕刻而成，手执降魔杵，威严无比。天王殿的东西侧是两座经幢，东幢高7.17米，西幢高11米，为多层八面形，基座为两层须弥座，幢身刻佛经。

> **小贴士**
>
> 灵隐寺景区的门票是飞来峰等其他景点的大门票，要进灵隐寺还需另外购票。

药师殿为寺庙的第三重殿，正门上方"药师殿"三字为赵朴初所题，字体端庄，遒劲有力。殿中供奉有药师佛，左边站立的是日光菩萨，手托太阳，象征着光明；右边站立的是月光菩萨，手托月亮，象征着清凉，合称为"东方三圣"。大殿两边共有12尊塑像，是药师佛的12位弟子。

② 大雄宝殿

大雄宝殿为寺庙的第二重殿，是清代所建的仿唐建筑，殿宇的瓦饰、窗花、斗栱、飞天浮雕均显示了中国古代建筑的高超艺术。

大雄宝殿殿高33.6米，面宽七间，进宽四间，气势轩昂，雄伟壮观。露台两侧为一座北宋石塔，高约12米，用石料雕刻砌筑而成，为仿木楼阁式塔，每层四面辟壸门，线条和顺流畅，柱子、栏额、斗栱上刻有仙人像。殿正中供奉有释迦牟尼塑像，用24块樟木雕刻而成，为我国目前最大的香樟木雕坐像。大殿后壁是一组大型雕塑，高20余米，雕塑材料全部用黏土塑成，个个神态各异，栩栩如生。

> **小贴士**
>
> 灵隐寺外有兜售香烛的商贩，售价很高，如果要进香，就需要一双慧眼，不要被蒙骗。

点赞 👍 @非洲大汉 春节时去的灵隐寺，游客特别多，香火鼎盛。因为地处西湖旁边的关系，路不能拓宽，所以交通拥堵严重。

③ 法堂—文物展厅—华严殿

法堂为寺庙的第四重殿，主要用于讲经说法，寺院许多大型的讲经法会，都在这里举行。法堂中间设有一个用东阳木雕的讲台，精美异常。上面放有一把狮子座，是法师讲经说法时的法座，座位背面悬挂着雕刻精致的大法轮。

法堂下面是文物展厅，面积为 638 平方米，厅内错落有致地排列着四五十个展柜，内藏有灵隐寺历代珍藏的文物。大致分为四个方面：一是历代方丈所用过的法器，如拂尘、如意等；二是纯粹的文物，如南宋的瓷瓶；三是佛教方面的文物，如贝叶经以及出土的佛像等；最后就是丰富的书画珍品，如吴昌硕的篆写条幅、任伯年所画的扇面等。

华严殿为寺庙的最后一重殿，殿内供奉有三尊庄严雄伟的佛像，分别是毗卢遮那佛、文殊师利菩萨、大行普贤菩萨。这三尊佛像仅用一根珍贵巨大的楠木雕刻而成，高达 13 米，雕工精致，线条优美。

灵隐寺示意图

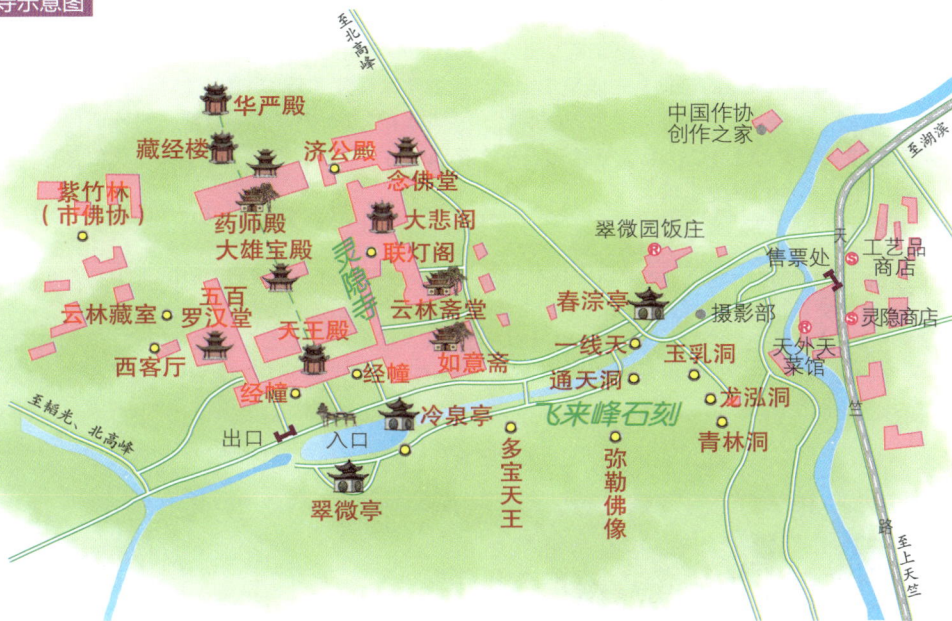

❹ 五百罗汉堂—道济禅师殿

五百罗汉堂总面积为 3116 平方米，中央高度为 25 米，平面呈"卍"字形，是目前国内规模最大的罗汉堂。堂内供奉有 500 尊青铜罗汉像，形象各异，千姿百态，栩栩如生。

堂中央是一座佛教四大名山铜殿，分别供奉五台山文殊菩萨、峨眉山普贤菩萨、普陀山观音菩萨、九华山地藏菩萨。铜殿采用铸、锻、刻、雕、镶等 12 种工艺，造型精致，气势磅礴，为"世界室内铜殿之最"。

道济禅师殿供奉有一尊右手拿破扇、左手持念珠、右脚搁在酒缸上的济公像，济公像的左右两侧是十八罗汉。

攻略　灵隐寺的节庆

盂兰盆节：于农历七月十五举行，是佛教的重大节日之一。届时可以和法师们一起在法堂虔敬诵读盂兰盆经，超度累世宗亲。

水陆法会：于 11 月举行，届时灵隐寺 100 余位大德法师引领四众于七大坛场举行诵经、礼忏、持名、请圣、斋天、放生、上供、普佛以及放焰口等各种法事活动。

⑤ 法云古村

法云古村被人们称为"天外茶村"，村里一共 50 幢老房子，建筑风格颇具特色。黄土做墙、石头堆砌房基、木壁木窗木门黑瓦，三五成群，依山傍水，坐北朝南。古村背靠山坡，种得最多的是茶树，随处可见绿色的茶园。此外，古村北头的中国石窟艺术展示馆也值得参观。

⑥ 飞来峰—永福寺

飞来峰位于灵隐寺前，峰高 209 米，山体由石灰岩构成，风貌奇特。飞来峰的崖壁上刻有五代、宋、元石刻像 470 多尊，数量之多，规模之大，为国内之最，是汉族地区最多的喇嘛密宗造像群。最为生动的是龙泓洞口宋代的"唐僧取经"和"白马驮经"两组浮雕，浮雕十分传神生动。

永福寺位于飞来峰西侧，是一座千年古刹，始建于东晋咸和元年（326 年）。全寺依山而建，由三道山门和四个院落"普圆净院""迦陵讲院""古香禅院""资严慧院"组成，巧妙地构成七星如意状，散落在丛林雾霭之中。大雄宝殿隐藏在一个普通的月门后面，色调十分简朴，不似灵隐寺那般金碧辉煌，佛像也相对玲珑小巧。

点赞

👍 @阿驴 一线天和飞来石在灵隐寺外，山上的石刻特别多，而且历史非常悠久，有许多元朝的遗迹，庙外一条小溪从山上流下，非常清澈，有许多小乌龟，给人宁静之感。

👍 @莲花生大师 永福寺精巧幽静，深得江南建筑流韵，是个值得细细鉴赏的地方。寺院依山而建，一连串的宫观楼台，由蜿蜒于林间的石阶连缀成一个美轮美奂的整体。寺内福星的专殿，据说是天下第一福星道场，是祈福的最佳处所。

攻 略

住宿 驴友力荐的住宿地

寺庙周边住宿非常方便，有不少星级酒店。有名的有灵隐宾馆、杭州西子湖四季酒店和九里松首席会馆。

灵隐宾馆坐落于灵隐寺旁边，为典型的中式别墅，宾馆集住宿、餐饮、娱乐为一体，拥有标准客房、三人房、标准套房等80余间，餐饮富有特色，娱乐设施一应俱全。

美食 饕餮一族新发现

庙中有一些别具特色的素食，推荐八宝莲子粥、桃仁香米粥、红枣窝头、香米窝头、八宝饭、冰糖银耳羹、苏州豆腐汤等，可在灵隐寺斋堂品尝。

寺庙周边也云集了许多餐馆，有灵隐餐厅、花中城天外天（灵竺路40号）等。

西溪湿地
一曲溪流一曲烟

@驴行十州 一进西溪湿地就有种心旷神怡的感觉，内心非常宁静，是大城市里极为罕见的一大片较为原生态的地方，很难得。

@sinky_shen 整体来说，去了两次西溪，都没有玩透，乘船和步行各有不同的风情。四季的美是变幻的，任何时间去，都能发现惊喜。

门票和开放时间

门票：80元，电瓶船票60元，手摇船100元/时，电瓶车10元/人。

开放时间：4月1日至10月7日7:30—18:30，10月8日至次年3月31日8:00—17:30。

最佳旅游时间

春夏秋三季皆适合游玩。在初春时踏青漫步，在夏日下采菱赏荷，秋风中可以观柿听芦，冬日里可以探访梅花。

进入景区交通

位置：杭州市临安区西湖区天目山路518号。

交通：

1.公共交通：乘坐K310路、K506路、K193路、Y13路、观光1号等公交车可到东区。

2.自驾车：沿杭州绕城高速行驶至留下出口，往天目山路方向直行1000米即到。

景点星级

休闲★★★★　美丽★★★★　浪漫★★★★　特色★★★★　刺激★★　人文★★

西溪湿地公园为罕见的城中次生湿地，是目前国内第一个也是唯一的集城市湿地、农耕湿地、文化湿地于一体的国家湿地公园，曾与西湖、西泠并称杭州"三西"。这里生态资源丰富、自然景观质朴、文化积淀深厚。西溪共分为三区，有烟水渔庄、秋雪庵、西溪水阁、梅竹山庄、深潭口、西溪梅墅、西溪草堂、泊菴等景点。

❶ 泊庵草堂—西溪水阁—梅竹山庄

进入公园，穿过烟水渔庄，便是泊庵草堂。它最早是明末邹孝直的庄园，周边芦苇丛生，整个庄园犹如仙岛泊于水上，堂屋为草顶，自然质朴，与周边林木融为一体；建筑外部朴实、天然，内部梁架稍见精致，门窗处理带有魏晋建筑构件元素，含蓄地映射隐士们的清高与雅致。泊庵草堂内最中间摆放着一个古式屏风，四周陈列着文房四宝及老式家具。

西溪水阁是一组文人别墅式建筑，为文人隐居深泽、藏书读书之地。水阁由两组建筑组成，东为"拥书楼"，西为"蓝溪书屋"。水阁的墙面，下部山墙为夯土墙，上部为露出梁架的编竹夹泥墙，乡居气息浓郁。

攻略

电瓶船的每个停靠处都有游览的地方，可自由上下船，每一段都检票一次，共计4次。其中周家庄和烟水渔庄的上下船口岸不在同一处，下船后顺时针走靠左侧是上船的地方。

梅竹山庄是清代文人章次白所建。如今的梅竹山庄主要有"梅竹堂""萱晖堂""虚阁"3个主体建筑。风景秀丽、环境幽雅，庄内多古梅修竹。

❷ 深潭口

深潭口是一片宽阔的水面，四棵上百年的大樟树分布在河岸两侧，枝繁叶茂。四周河港相连，呈十字交叉，水面宽广，加上独特的地理优势和环境氛围，最适宜龙舟竞划。因此，蒋村每年端午节的龙舟盛会都设在此处，人来舟往，热闹非凡。

攻略

每年端午节，西溪四邻八乡之龙舟盛会于此举办，这一传统民俗活动至今长盛不衰。现在，每年端午龙舟盛会，深潭口和五常河道两岸人声鼎沸，热闹非常，古戏台上戏曲、武术、舞龙舞狮精彩纷呈，水中几百条龙舟来往穿梭，试比高低。

❸ 西溪草堂—秋雪庵—西溪人家

西溪草堂装修十分精致，地上长满了细细的青草，四周由篱笆筑成，青翠的竹子掩盖起白色的泥墙、古井、葡萄藤架、石椅构成一幅淳朴幽静的农家图。整组建筑依鱼塘分作南北两部分，南面为正房，二层建筑，前后各一个院子，北面有草亭"绮云亭"，为赏梅玩竹、对酒当歌之处。

秋雪庵位于西溪河渚湿地最中心水域的孤岛之上，四面环水，只有靠小船划桨才能进入。庵周围是一望无际的芦苇滩地，是河渚胜地的静幽之境。

西溪人家为西溪原居民生活展示屋，是对西溪原居民农家生活场景的再现。其中所展示的物品，均是以前居住在西溪的农家所使用的生活用品和农耕渔事活动的劳动工具，许多东西是西溪农家所特有的，如猫气死、瓦盘、瓦圈、砖夹等。

攻略

游览西溪，摇橹船全程需要4个小时，电动船全程大概1.5个小时，摇橹船走的是内河道，电动船走的是外河道，能够欣赏到不一样的景致，船上还可以点餐。

西溪湿地示意图

至杭州城区

文二西路出入口
西溪文化创意园
千金漾观鸟区
柿林秋色
观鸟亭
2
5
朝天暮漾
烟水庵
绿堤
东侧水生花园
生态保护区
桃花滩
深潭口
荆源访古
桥亭四母
白鹭洲
洪钟别业
湿地植物园观赏区
福堤
5
4
烟水渔庄
长生曲韵
虾龙滩生态保护区
洪祠追远 洪园隐秀
百家溇
3
观鸟亭
莲花滩观鸟区
中国湿地博物馆
龙舟竞赛
泊庵
秋雪庵
曲水庵
高庄
慈航送子
草堂禅茶
梅竹山庄
观鸟亭
菱芦田庄
西溪梅墅
高庄出入口
至杭州城区
梅竹文化区
1
西溪草堂
3
生态展示馆
西溪艺苑
周家村出入口
龙蛇还绿
龙舌嘴出入口

点赞 👍 @阿伟 当天，天公不作美，下着大雨，但是坐着小船，穿梭在狭窄的河道中，欣赏着美丽的雨景，感觉还是相当不错的。

❹ 虾龙滩生态保护区—湿地植物观赏区

虾龙滩生态保护区是湿地公园中最大的一块自然生态保护区，这里拥有众多水生陆生植被和野生动物，更是各种鸟类的天堂，保护区内还设置了观鸟台。

湿地植物观赏区处于烟水渔庄和深潭口之间，这里有大片池塘，生长着形形色色的水生植物，如菖蒲、水茭白、水葱、浮萍、野芹菜等。长长的亲水栈道在塘边环绕，一路走去，随处可闻见幽幽的荷香。

小贴士

景区多树木，林间树枝低，路又窄，容易刮碰，因此遮阳挡雨不建议用伞，可以使用帽子、眼镜和雨衣。另外，湿地蚊虫多，建议穿长袖或涂抹蚊不叮。

❺ 福堤—绿堤—寿堤

小贴士

西溪有不少免费游览的地方，像福堤两侧公园外有一片地能够游玩。其中河渚街对面的植物园前面，高庄左侧向里一直能延伸到很远。

福堤是一条南北向的长堤，全长2300米，宽7米，位于蒋村港的西面、深潭口港的东面，自南向北贯穿了整个西溪国家湿地公园，中间串起六座"福"字桥，先后串起了御临古镇、高庄、交芦田庄、交芦庵、曲水庵、洪园、河渚街、蒋村集市等众多景点，是西溪的一条文化堤。

绿堤是一条东西向的长堤，全长1600米，宽7米，两侧多接鱼塘，鱼塘基上植被丰富，生态环境良好，景观优美。绿堤穿越了西溪的核心保护区，自西向东串起了湿地生态植物园和湿地生态主要科研科普项目等，是西溪的一条生态堤。

寿堤为南北走向，全长约3600米，宽4.5米，是西溪湿地中最长的一条堤。两岸纵横交错的水域，百年的树木码头，形成自然天成的生态景色，将龙舌环绿、慈航送子、龙舟盛会、洪园隐秀、幔港寻幽、桥亭思母、柿林秋色、村埭田园等西溪美景串珠成链。

点赞 👍 @兔子的往事 福堤、绿堤都是免费的，不过一定要一大早去，早上的风景就像是在仙境一般。

攻略

交通 游遍景区不犯愁

电瓶船是公交式的顺时针运行，景区内有周家庄、烟水渔庄、深潭口、茭芦山庄4个码头可以乘船。景区还有自行车可以租赁。

住宿 驴友力荐的住宿地

西溪花间堂：酒店位于西溪湿地西区，这里是一个度假村落，也是一种文化新意境，它将"朴实与巧思"融入设计，这里打造了一个乐玩、雅玩、野玩的灵动世界。

西溪度假酒店：酒店为江南水乡古典庭院风格建筑群，以准四星标准装修的客房，分布在印月、烟溪、眠云、听雨、幽庐等10幢楼房之中。临窗而望，西溪美景尽收眼底，湿地风光一览无余。

杭州西溪悦榕庄：由36套宽敞的套房和36栋别墅组成，设计处处彰显江南风韵，其中悦榕SPA水疗是酒店的一大亮点。位置：西湖区紫金港路21号。

美食 饕餮一族新发现

船餐：景区提供船餐这种新颖和充满野趣的方式，可以一边欣赏湿地美丽的自然风景，一边品尝天然的生态美食。

特色餐厅：景区还有不少特色餐厅，如烟水渔庄、梅竹山庄、蒋村酒楼。

烧烤：景区有一个大的烧烤场，可以自带或购买鱼肉进行烧烤。

购物 又玩又买嗨翻天

在河渚街商铺和景区入口处可以购买羊羔补酒、西溪小花篮、蓝印花布、西溪米酒、糕团、古荡盘柿、竹笋、西溪鱼制品等土特产。

特别提示

❶ 西溪湿地公园西区不收公园大门票，可以自由进出。

❷ 如需参观钱塘望族、洪升纪念馆、清平山堂、龙舟盛会、五常人家这5个文化布展景点需付40元的景点参观费用。

❸ 园区目前在洪园游客服务中心、龙舌嘴游客服务中心和浜口桥码头3个位置设置售票点，游览前可到售票点领取免费导览图，参考游览线路，选择购票服务。

❹ 由于景区面积较大，建议下午4点以后除乘坐电瓶车、船外，不要进入各文化布展景点参观，以免参观时间不够。

天目山

大树华盖闻九州

微印象

@零点零一分 不错的地方，满山都是树，绿化不错，林林总总的各色植物，构成一幅蔚为壮观的森林画幅，千树万枝，重峦叠峰，四季如画。

@三天三夜 天目山不仅有着优美的景致，还有很多人文历史景观也值得一看，是一个不错的地方。

门票和开放时间

门票：136元（含禅源寺10元），景区观光车单程20元。

开放时间：7:30—17:30。

最佳旅游时间

四季皆宜。夏季植被茂盛，一派原始风光；春秋季节则是天目山最佳旅游季节，春秋色彩缤纷，气候舒适，秋季红叶漫山；冬季大雪封山，冰挂、冰瀑处处，银装素裹。

进入景区交通

位置：杭州市临安区西天目乡。

交通：

1.班车：临安汽车西站乘班车到於潜或藻溪，再包车或打车到景区。

2.自驾：在杭州市区沿天目山路 — G56行驶至藻西收费站，然后沿少天线行驶15千米即到。

景点星级

美丽★★★★　休闲★★★★　浪漫★★★　特色★★★　刺激★★　人文★★

天目山位于杭州至黄山黄金旅游线中段，素有"大树华盖闻九州"之誉。山上有东西两峰，顶上各有一池，长年不枯，犹如天目。景区内树木郁郁葱葱，一片翠绿，具有高、大、古、稀、美的特点。禅源寺、太子庵、开山老殿等景点为景区增添了不少人文气息。山中空气清新、环境幽雅，可享受难得的宁静和安逸。

❶ 禅源寺—周恩来演讲纪念亭—双清池

禅源寺位于昭明、旭日、翠微、阳和四峰之下，青龙和白虎两山环抱，始建于明代。全寺占地40余亩，房舍五百余间，有子院16座，殿堂齐备，屋宇俨然，全盛时有僧1300多人。前后依次为天王殿、韦驮殿等建筑，殿前庭院中的古罗汉松为玉琳国师手植。

周恩来演讲纪念亭位于韦驮殿东"百子堂"旧址，亭中立有"周恩来演讲旧址"碑。1939年3月，周恩来曾在此地作团结抗日讲演。

双清池在禅源寺东侧青龙山下，周边古银杏、柳杉和丹枫遮天蔽日，绿竹、垂杨飘逸多姿。

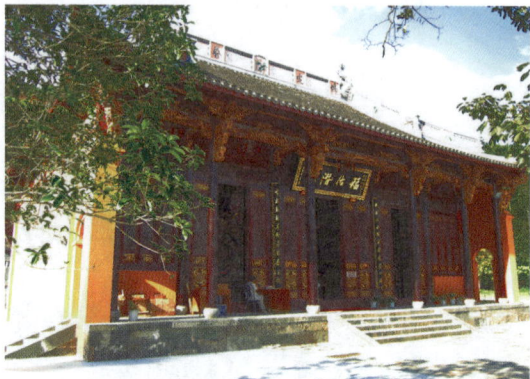

点赞 👍 @喇叭裤 上次游禅源寺，夜宿古寺的体验还是不错的！尤其像天目山这样一个自然避暑胜地，凉爽、宁静，可以暂时忘却外界的纷纷扰扰！

链接　禅源寺的历史

禅源寺始建于明洪熙元年（1425年），清康熙四年（1665年）于旧址增新葺旧。雍正十一年（1733年），帝御书"禅源寺"额以赐寺，乾隆皇帝两次南巡临寺赐经，咸丰十年（1860年）寺遭兵燹。同治十五年（1876年），以韦驮菩萨祷雨灵应，帝御赐"福佑潜城"额悬于寺中。1941年4月，禅源寺被日本侵略军轰炸，部分房屋被毁。

❷ 大树王景区

天目山以"大树华盖"闻名于世，拥有世界罕见的大柳杉群落，集中分布在五里亭至开山老殿一带，直径2米以上的有19株，1米以上的664株，它们如同顶天立地的绿色屏风，又像撑起的一顶顶绿色的华盖，集中成片，蔚为壮观。其中，在开山老殿下方悬崖上，有一棵最古老的银杏树，在其根基部世世代代已萌发出22株子孙树，可谓是"五世同堂"。在开山老殿前面的第15号金钱松，高达56米，高度居世界同类树种之冠。柳杉、古银杏、金钱松堪称天目山古老森林之"三绝"。

景区的开山老殿也值得观赏，始建于元朝至元十六年（1275年），为当时的佛事最盛之地。1935年胡适在此手书对联："有几分证据说几分话，做一天和尚撞一天钟"。禅源寺建成后，香火迁于山下。

攻略

景区内有森林浴健康步道、大自然瑜伽平台，可以找一片树林，对着满眼的绿色，修炼瑜伽。纵横交错的树林和长流不息的溪水、瀑布群造就了天目山高浓度的负离子。天目山伏虎瀑景点的空气中负离子含量最高达到每立方厘米136000个，已刷新了全国最高纪录。

③ 太子庵（天目书院）

　　相传为梁代昭明太子萧统读书的地方，位于禅源寺西北边的昭明峰下，占地 3000 多平方米。庵内有读书楼，为砖木结构，浮雕木刻，古朴华丽；读书楼内有古井，名"太子井"，终年不涸。读书楼东侧有"洗眼池"，传昭明太子读书用功过度发生眼疾，用池水洗眼，双目复明。

天目山示意图

仙人顶 ▲ ⑤
(1506米)　天下奇观　　幻住庵　　半月池　　龙凤尖停车场

开山老殿

中峰塔院

冠军树

② 大自然瑜伽平台

大树王景区

普同塔

五世同堂

倒挂莲花峰

④

宝剑石

大自然度假村

冰川大峡谷景区

冰川大峡谷入口

森林浴健康步道

洗钵池

红蛇洞

四面峰

张公舍

眠牛石

高峰塔院

七里亭(眠牛亭)

狮子口

钟楼石　伏虎瀑

玉龙山庄

龙潭水库

五里亭(如斯亭)

三里亭

飞银溅玉

西坑　　至天目大峡谷

西游村(农家乐)

化身窑　一里亭(仰止亭)

进山门

太子庵(天目书院) ③

森林拓展基地

红庙　　至九思村(农家乐)

天目山庄

竹祥山庄

周恩来演讲纪念亭 ①

留椿屋

双清池

浮玉山庄

禅源寺

雨华亭

天缘大酒店

天目山旅游公司

游客换乘站

游客中心

天目山管理局自然博物馆

景区入口

壹口天饭店

天目村(农家乐)

至武山村(农家乐)

大有村(农家乐)

故事 昭明太子隐居天目山

萧统，字德施，聪慧灵敏，读书数行并下，过目不忘，才学出众。因葬母一事被宫监鲍邈巡陷，不能自明，遂与崔、张两丞游历天下名胜，后避世隐居于天目山。他在西天目山苦读分经，在东天目山参禅修佛，先后分《金刚经》32节，编撰《文选》30卷等。

❹ 倒挂莲花峰—四面峰

倒挂莲花峰又称"莲花台"，在青壁石峰间有一方台，台旁石笋耸立，高数丈，五石分峙，各自高撑，状如莲花。方台上有西方庵、穿云亭等景点。

四面峰位于倒挂莲花峰东边百米处，峰上有松树、杉树等树种，叶色翠绿，树冠如盖。峰突出众壑之间，居高临下，峭壁万丈，莫测其底，形胜险绝。

故事 倒挂莲花峰的传说

传说古时有个和尚，于悬崖顶端坐禅诵经。忽而一阵狂风，将崖顶刮断，和尚也被刮落断崖。正在和尚性命攸关之时，遇上吕纯阳驾云经过天目山，吕纯阳见到此状即刻化作一朵祥云，把和尚凌空托起。和尚的命是救了，可他却没能立地成佛，头朝大地脚朝天，成了一朵倒挂"莲花"。

点赞 👍 @埃及王子 我去杭州已经多次了，最近又发现一个美丽好玩的景点——四面峰。四面峰上有多种树木植物，如松树、杉树、杜鹃、迎松等，叶色翠绿，树冠如盖，遮天蔽日。

5 仙人顶

仙人顶即西天目山峰顶，海拔1506米。有一石柱，名天柱峰，柱上原有清代石刻"天下奇观"，因1955年建造气象站时被炸，现仅存"奇观"二字。天气好时，在仙人顶可东瞰钱塘江，西眺黄山。

登此远眺，时而云雾茫茫，银涛滚滚，如置身于海上；时而云消雾散，景致历历在目，仿佛海市蜃楼，朝观日出，暮看晚霞，云蒸霞蔚，颇为壮观，偶尔可见绚丽神奇的"佛光"。

小贴士

上山前要做好防寒保暖，防止感冒。可以准备一些热量比较高的食物带着，如巧克力、汉堡、牛肉干之类。

点赞 👍 @穷极远游 登高远眺，极目望远，远处景色时隐时现，虽无会当凌绝顶之所见，钱江如带，西湖如镜，也分外美好。

攻 略

住宿 驴友力荐的住宿地

天目山环境优美，风光秀丽多姿，来此度假可尽享山中美景。景区建了不少度假山庄。

天目山庄：建筑面积3800平方米，整个山庄按山坡自然地形依山而建，高低错落，层次分明，幽雅别致。主楼大厅内依地形设置流山泉瀑布池、假山和喷泉，与自然景色相协调。周围茂林修竹掩映，显得特别清凉幽雅。山庄客房设备齐全，餐饮以天目特产为特色，娱乐休闲设施也十分完善。

翡冷翠·鸢尾乡宿：酒店规模虽不算大，由两幢建筑连线组成，但却有独自占据整个山头的感觉和视野，放眼望去，青山绿水间，目力所及位于海拔最高且周围几乎没有其他建筑，自成一个广阔而超然的世界。

美食 饕餮一族新发现

春夏季节的天目山，大树繁茂，野菜也漫山生长，不妨尝尝这里农家乐的营养健康套餐：主菜为一年四季都可品尝的"飞鸡"汤煲，配上新笋，鲜味再加一层；冷盘有双菇凉瓜丝、山苔、马兰头、嫩笋；大菜有枸杞烧鲥鱼、香菇炖豆腐等。

富春江小三峡

不是漓江　胜似漓江

微印象

@酒醉何人知 一路上景色非常漂亮，乘舟顺流而上，清澈的江水，青翠的山谷，好似人在画中游。

@叫叫123 游览富春江要两种方式结合起来，不要只坐船游玩，最好还要徒步深入江岸的美景之中。

门票和开放时间

门票：125元（包含游船）。

开放时间：夏季8:30—16:30，冬季9:00—15:30。

最佳旅游时间

四季皆宜，夏秋最佳，青翠欲滴的夏日树林，碧水红裳的秋色都美不胜收，令人流连忘返。

进入景区交通

位置：杭州市桐庐县富春江镇。

交通：

1.班车：桐庐车站乘公交到七里泷车站（富春江一桥），转乘中巴车直达景区。

2.自驾：可从高速富春江出口下左转前开2.5千米处左转向前可至景区。

景点星级

美丽★★★★　浪漫★★★★　休闲★★★★　特色★★★　人文★★★　刺激★★

富春江七里泷以"山青、水清、史悠、境幽"为主要特色，享有"小三峡"之誉。小三峡具体是指从富春江上游桐庐七里泷至建德梅城一段河道，全长24千米，是富春江上风光最美的一段，两岸郁郁葱葱，人游其中如同在画中游走。富春江小三峡与长江三峡、桂林漓江并称为我国最著名的"三条江河风光游览线"。

富春江小三峡的"三峡"分别是龙门峡、子陵峡与子胥峡。在桐庐可以游览到从七里泷到严子陵钓台的那一段，即龙门峡，长约4千米；子陵峡和子胥峡则在建德七里扬帆码头坐船游览。游览富春江最好的方式就是走水路游览，这也是景区内的传统。

攻略

因为富春江分属于建德和桐庐，所以要去桐庐部分就需要从七里扬帆景区的码头下船乘车前往，另外买票。乘船游严子陵钓鱼台、富春江小三峡100元，龙门湾另外加钱。

❶ 梅城古镇

七里扬帆景区内新安十景这里占了五景，比下游的严子陵钓台一段小三峡河道更长，风光更美。七里扬帆景区内有两个乘船游览的码头，即乾潭镇码头（即七里扬帆码头）和梅城旅游码头。

下车来到梅城可以先将梅城古镇游览一番，梅城古镇是三府治所，历史悠久。城中有两湖，东西点缀，城内有思范牌坊、建德侯坊、明桂青柯、六合古井等名胜，可访古寻胜；城周围的玉泉寺、奉真道观、乌龙岭、万松林、双塔凌云、两江成字等景观，可探幽猎奇。城的南北两面各有一座七层宝塔，双塔隔江对峙，这便是著名的"双塔凌云"，乘船可以看到。

链接　七里扬帆名字的由来

过去富春江上游七里泷一带滩多水急，舟楫经此，都要等候东风，以便借风上行。东风一起，千帆竞发，艄公号子响彻云天。古有"有风七里，无风七十里"之说，故称"七里扬帆"。

攻略

梅城古镇是古睦州府、严州府、建德县的治所，距今已有1700多年历史。城外的双塔是梅城镇的镇山宝塔，相传建于隋末唐初，历史上曾屡毁屡建，现存南峰塔，至今已400多年历史，而北峰塔则在1986年整修过。

❷ 子胥野渡—江南古村

游完梅城古镇到乾潭镇码头乘船，立于船上可以看到两岸山势陡立，群山如黛，飞鸟相竞。船行不远就到了子胥野渡，子胥野渡在子胥峡的入口处，渡口水中立有一人高的伍子胥大脚掌，鸡鸭在岸边悠闲地觅食，一派田园景象。从子胥渡口上岸，只见渡口石壁上刻有"子胥野渡"四字。在危岩石壁上还有伍子胥庙、子胥渡口、胥村、胥洞等诸多美景。

在子胥野渡对面就是江南古村，隔江相望只见一片粉墙黛瓦的建筑隐于林木之间，缕缕炊烟从村庄中升起。乘船摆渡到对岸，村庄的面貌才现于眼前。弃船上岸映入眼中的就是码头边上的一座古色古香门楼，不知已在这里矗立了多少岁月。从门楼往西的堤坝拐弯处便是当年乾隆观景的帝座亭，立于亭中眺望，诸多美景尽收眼底。村中最精美、最气派的古建筑当属走马楼，在走马楼内可以欣赏当地古剧种提线木偶戏和唱道情表演。码头对面的老房子则是民间传统手工艺品的展示区。

链接　子胥野渡的故事

据传，名将伍子胥为逃避楚平王追杀，途经此地，被茫茫大江阻隔，幸遇一位白发艄公，才得以渡江而去。艄公决意不向追兵吐露伍子胥的踪迹，刎颈自尽以表心迹。后来，这里便有了"子胥野渡"一名。

攻略

在江南古村，可以品尝富春江畔独特的渔家饭菜，也可到葫芦瀑那一带的小饮食店品尝地道的小吃，还可以野营烧烤。

❸ 葫芦峡

从江南古村乘船往下便到了葫芦峡，离船登岸，沿着弯弯曲曲的山道往上走，深谷幽壑、翠竹亭亭，一路上可以见到诸多小生物，惊喜无限。到达半山腰时能听到轰鸣的水声，抬头观望只见陡峭石壁上一条百米高的瀑布从葫芦状的石洞里飞流直下，洋洋洒洒跌入深潭，葫芦飞瀑可谓壮观。

小贴士

葫芦峡漂流全程约3000米，落差近100米，漂流时，艇下水流湍急，一波三折；艇到之处浪花飞舞，心也跟着浪花在跳动。

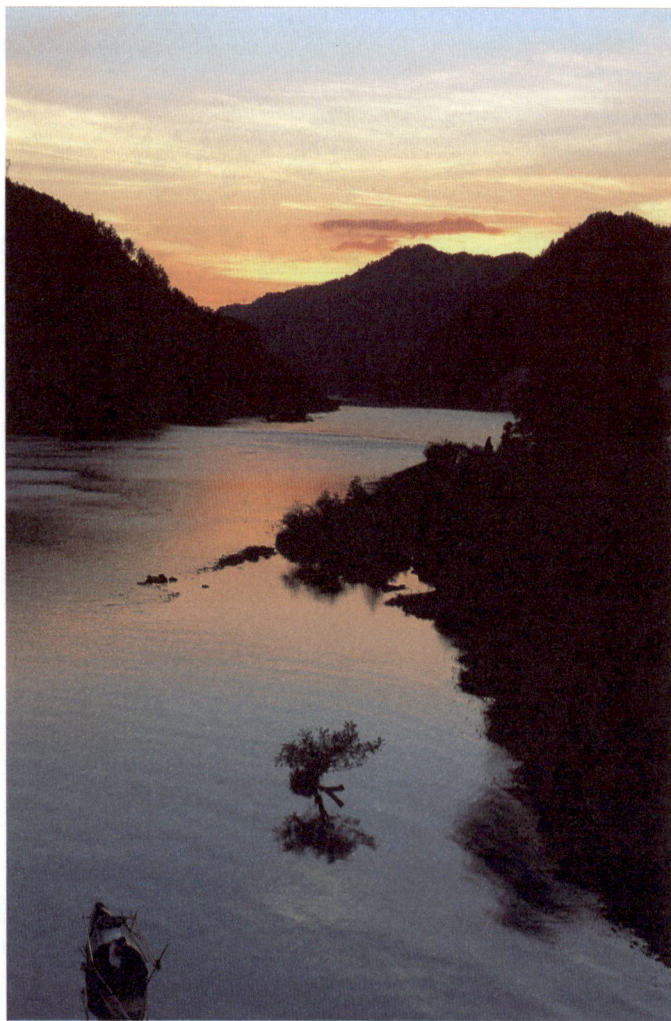

④ 严子陵钓台—桐君山

钓台因东汉名士严子陵隐居于此而得名。景区有严先生祠，天下十九泉位于其东侧，水味清冽，终年不涸。泉的上方山坡上有"富春江碑林"，曲折延伸 260 米，树碑百方，碑文出自李白、白居易、苏轼、李清照等之手。沿碑林蜿蜒而上即达钓台，分东西两台，东台为严子陵隐居垂钓处，建有石亭，亭前有株石笋，直起幽谷，状如高士傲立，仪态岸然。西台为宋爱国志士谢翱哭文天祥处。登临钓台倚台而望，可见江流一线，重山复岭，水远山长，美不胜收。

桐君山被誉为"药祖圣地"兀立于江边，背后是深谷和绵延的山脉；前面极目无垠，原野如绣；脚底下就是滔滔大江，地势既险又美。登桐君极目四望，富春江烟雨景色尽收眼底，桐庐山上有桐君庙、睢阳公庙（唐代张巡庙）、白塔、四望亭、凤凰亭、竞秀阁等胜迹。

故事　桐君山的传说

相传古时此山之侧有棵古桐树，曾有异人结庐树下，采药行医济世，问之姓名，便笑而指桐，人称桐君，山因之名。后世尊其为"中药鼻祖"，称之为药祖圣地。

攻略

富春江漂流以富春江漂流为主线，从富春江大坝下开漂，至药祖圣地桐君山，全程约12千米，途中精彩纷呈的碧水休闲项目让人如痴如醉。水上漂流以渡济码头分两个漂流旅程：第一程乘弦外机动力装置皮筏惊险刺激，第二程换乘休闲画舫悠闲自在。

攻　略

住宿　驴友力荐的住宿地

富春江沿线经过建德和桐庐两地，住宿在两地选择均可。

建德梅城世贸大酒店与富春江小三峡直线距离约为10千米，地处严州大桥北岸、与七里扬帆码头相邻。

浙江红楼国际饭店位于桐君街道富春路158号，近富春江。酒店拥有各类精美客房，临窗远眺，美丽的富春江尽收眼底。

美食　饕餮一族新发现

七里扬帆景区的整个游程需要4~5个小时，中餐可以在景区内的特色餐厅渔村用餐。

桐庐美食有清蒸鲥鱼、糖醋鳊鱼、干烧子陵鱼，桐庐当地特色小吃有油沸馒头夹臭豆腐、油沸果等。

行程推荐　智慧旅行赛导游

可先到梅城古镇游览，之后在码头乘船游览七里扬帆景区，游览完七里扬帆景区再到码头坐车前往严子陵钓台参观。

千岛湖
天下第一秀水

微印象

@浪迹天涯 假日与众多好友同游千岛湖，游了四个岛，换了三次快艇，真是刺激，千岛湖景色宜人，有机会还要去，又游山又游水，放松放松真不错。

@托斯卡纳 太阳就像一位画家，它用金色的霞光，细致而有耐心地为湖水描绘着，在波光和山色之间也留下了阳光的情感，粼粼波水中暗藏着它的思念。

门票和开放时间

门票：中心湖区185元（含游船），东南湖区185元（含游船）。

开放时间：中心湖区8:00—16:00，东南湖区8:00—15:00。

最佳旅游时间

9月至11月，秋高气爽，平均气温为12℃~18℃，雨天也不多。

进入景区交通

位置：杭州市淳安县千岛湖镇。

交通：

1.高铁：杭州至千岛湖已开通高铁，从杭州东站出发，每天有多趟班次，一个小时左右。

2.公共交通：杭州长途汽车西站、黄龙体育中心有发往千岛湖的巴士。

3.自驾车：出杭州城后从杭州南枢纽上杭千高速（即杭新景高速），在洋溪枢纽右转，走千岛湖支线高速，90分钟后即可到达。

景点星级

美丽★★★★　浪漫★★★★　特色★★★★　休闲★★★　刺激★★　人文★★

千岛湖是世界上岛屿最多的湖泊，四周群山绵延，森林繁茂似海，风景旖旎如画，被誉为"天然氧吧"和"天下第一秀水"。游览千岛湖可到梅峰俯瞰湖区全景，也可以到猴岛、神龙岛感受动物的可爱逗趣，还有芹川古村和千岛湖石林可以寻幽访胜，不过最妙的还是白天泛舟湖上，夜晚枕水幽思，感受那份悠然自得的心情。

❶ 梅峰景区—猴岛—三潭岛

梅峰景区位于千岛湖中心湖区西端的状元半岛上，距千岛湖镇12千米，是千岛湖的一级景点，是目前千岛湖登高览胜的最佳处。登上梅峰观景台，可以纵览湖区300余座大小岛屿。另外，景区的滑草项目也很有趣味。

猴岛位于三潭岛和梅峰景区之间，这里林木茂密，野果丛生，四周碧水环绕，如同万顷碧涛中的一颗明珠。岛上分远人村、科普廊、猴艺苑三个游览区域，在远人村可与猴子亲密接触；在科普廊可学习灵长类动物知识；在猴艺苑可观驯猴技艺和了解独特的猴文化。

三潭岛有天鹅湖、鹿苑、沁心泉、山涧瀑布等特色景点，景点分布均匀，一步一景，让人流连忘返。另外，还有水上飞人、水上索道等游乐项目。

小贴士

到猴岛喂食，建议自带食物。岛上有10元和30元两种包装猴食，大多是黄瓜和坚果。如果带小孩就要小心，以防被猴子抓伤。

点赞 👍 @豆豆毛 坐船去看风景，山水同色，梅峰岛一定要去，那里是最佳观岛点，有"不上梅峰观群岛，不识千岛真面目"一说。

② 神龙岛—龙山岛—月光岛

神龙岛上有几十种上万条蛇，景点有蛇生态园、惊险体验区、蛇艺池等，观斗蛇和蛇艺表演是岛上的特色项目，此外，和美人蛇合个影，会让这一趟旅程记忆深刻。

龙山岛是千岛湖旅游的标志性人文景点，古为"浙西名胜"，建有海瑞祠、石峡书院、半亩方塘、钟楼等景点，人文气息很浓，了解相关掌故后再看，就不只是房子池塘这么简单了。

月光岛是千岛湖中心湖区一个最具诗意的景点，五岛相拥，由情园、逸园、系园、心园、梦园组成。

③ 白云溪漂流

白云溪漂流景区是浙西最具特色的峡谷漂流。谷内树木郁郁葱葱，怪石嶙峋，四面青山与两岸古朴善良的淳安居民组成一幅绝妙的田园风景，漂流时长3个小时，同时还可以领略原始人的激情演绎和观赏民间绝技高空飞车等艺术表演。

千岛湖示意图

点赞 🖒 @凯瑟琳 虽然去时错过了最佳漂流季节，不过漂流还是让人感觉刺激好玩，意犹未尽。只是衣服全湿透了，感觉比较冷，没有冲洗的地方。

❹ 石林景区

景区面积 20 平方千米，是中国四大石林之一。其面积之广、规模之大、景观之奇在华东地区堪称一绝，被称为"华东第一石林"。景区以怪石、悬崖、古道、灵洞为景观特色，峰林造型奇特，象形奇石遍布，形成数百个栩栩如生的独特景观。

攻略

每年7月至10月这里举办"野营篝火节"，野趣横生，越来越成为千岛湖新兴的热点景观。

❺ 森林氧吧

森林氧吧位于千岛湖风光秀丽的东南湖区边缘，景区丰富的植物资源、形态各异的彩色山石、秀美曲折的溪涧、跌宕多姿的瀑布、色彩斑斓的水潭共同组成了地形复杂多样、景致变化万千的森林游憩景观，被誉为千岛湖的"世外桃源"。

森林氧吧分为亲水休闲区、茶室休闲区、森林负离子呼吸区、森林游憩区等六大区块，设有林中漫步、森林浴、森林吸氧、山泉足浴健身、勇敢者探险等生态旅游项目。

点赞 🖒 @越狱兔娜娜 森林氧吧给人很惬意的感觉，虽然是需要攀爬的山，但每处都有不同的风景，还可以和小溪亲密接触。

❻ 黄山尖—天池岛—蜜山岛—桂花岛

黄山尖位于千岛湖东南湖区珍珠列岛内，景点主峰海拔 266 米。登临山巅，向西北俯瞰，90 多个岛屿尽收眼底，如一串串珍珠撒落在湖面；向东南眺望，一道幽深的峡谷从黄山尖和羡山岛之间穿过；向西南远眺，一望无际的大湖，姥山岛隐在云雾之中。

天池岛人文景观丰富。宝石山顶端有七个人工开凿的石池，是南宋时为在临安建造宫殿碑亭而大量采取茶园石留下的遗迹。岛上还有百龙碑长廊、四叠瀑、石文化展示区、石器制作坊、古藤古木区等景观。

蜜山岛是千岛湖中一座充满禅味的小岛，面积仅 0.36 平方千米。岛上山顶有一座蜜山禅寺，是"三个和尚没水吃"的故事发生地，吟诗亭、神泉等景点也别有一番趣味。

桂花岛因岛上野桂遍地而得名，是一处典型的喀斯特地貌景观。金秋时节，岛上桂花飘香，怪石林立，曲径通幽，恍如人间仙境，特色鲜明。

故事 神泉的传说

关于神泉的传说离不开大家耳熟能详的三个和尚没水吃的故事，据说三个和尚谁也不愿意下山取水，结果大家都渴倒了。仙人铁拐李云游到此，把铁拐往地上一戳，点化了一口泉水。三个和尚由此得到感化，由懒变勤，从此同心协力，打石筑路，自此泉水就变得异常甘甜，后人便称之为"蜜泉"。

点赞 🖒 @雍布拉康 昨天刚去过，虽然才上两个岛，感觉黄山尖应该比较经典，爬了1000多个台阶看到了千岛湖的全貌，感觉不错！回来和大家一起坐了缆车，比自己走快很多，但是缆车很闷，建议体力可以的话还是自己走走比较好。

攻略

交通 游遍景区不犯愁

千岛湖区各景点之间主要靠游船来往，有中心湖区和东南湖区两座码头。

中心湖区码头：主要在8:00—9:00、9:30—10:30、12:00—13:00三个时间段发船，全程约6小时。

东南湖区码头：主要在8:00—9:00、9:30—10:30两个时间段发船，全程4～7小时。

游船上下两层一共有120个客位。船票默认为下层，如需上层座位可至窗口交升舱费。

住宿 驴友力荐的住宿地

千岛湖是养生居住的天堂，进入千岛湖的第一印象就是千岛湖环湖一圈都是酒店和别墅。另外，还有入住农家、山中小木屋、游轮等多种新鲜的度假方式。

秀水舫酒店：位于千岛湖大桥旁边秀丽的湖面上，像一艘巨大的皇家游船"停泊"在岸边，是国内首家古典风情的"水上酒店"。

千岛湖饭店：酒店地处享有"天下第一秀水"之称的千岛湖畔，与千岛湖水相映，独享青山绿水的惬意。

葛岭村的农家离千岛湖的森林氧吧不远，白天去游氧吧，晚上则与农家农户一起聊聊农村的新鲜事，夜深人静的时候，只有门前小溪流水的声音哗哗作响，是远离尘嚣之地。

美食 饕餮一族新发现

千岛湖菜肴以淡水鱼等水产为主，特色湖鲜有千岛湖鱼头煲、千岛玉鳖、银鱼羹、葱油白花、清汤鱼圆等。千岛湖镇内有很多大大小小的饭店，都可以吃到千岛湖的特色美食。

千岛湖鱼味馆：这里的千岛淳鱼被认定为中国名宴。鱼头绝对是天下第一的好吃，没有一般淡水鱼的泥味，肥美的鲜肉富含丰厚的胶原蛋白，汤汁呈白色。位置：千岛湖镇排岭南路2号。

千岛湖水上鱼排档：是千岛湖上一道独特的休闲美食风景线，沿着06省道的湖岸线，有几十家风格各异的水上鱼排档，制作的海鲜味道鲜美。

嘉兴南湖

轻烟拂渚　微风欲来

微印象

@西湖怪柳 到嘉兴，南湖是必去的旅游景点。南湖就在城内，湖四周地势低平，湖沼渠网密布，其上承长水塘和海盐塘，其下泻入平湖塘和长纤塘，最后流入黄浦江。

@独行侠 陪两位朋友去了南湖，雨中的南湖特别让人留恋，坐游船游了南湖，感觉很好！

门票和开放时间

门票：南湖景区渡船费20元，南湖革命纪念馆、伍相祠（壕股塔）免费。

开放时间：8:00—17:00。

最佳旅游时间

四季皆宜。春天湖畔柔柳如烟，夏天楼前荷花摇曳，秋天满湖菱香四溢，冬天琼宇银装素裹。

进入景区交通

位置：嘉兴市南湖区。

交通：嘉兴火车站乘10路、211路、游1路公交可达。

景点星级

美丽★★★★　休闲★★★★　浪漫★★★★　特色★★★　人文★★　刺激★★

南湖是由运河与各渠汇流而成的，上承长水塘和海盐塘，下泄于平湖塘和长纤塘，四周地势低平，河港纵横。风景区内不但具有自然景观，还有丰富的人文景观与之交相辉映，主要有会景园、湖心岛、南湖革命纪念馆、四季园、英雄园、揽秀园、壕股塔、小瀛洲、放鹤洲、鸳湖生态绿洲等。中共一大就是在南湖的游船上召开的，现如今南湖已成为中国红色旅游之源。

链接　中共一大

1921年7月底，中国共产党第一次全国代表大会在南湖的一艘游船上完成了最后的议程，宣告中国共产党成立。从此，南湖成为党的诞生地、全国人民向往的革命圣地，以及中国红色旅游之源。

南湖革命纪念馆是1959年成立的，是保护和管理中共一大嘉兴南湖会址的机构。纪念馆几度重建扩建，如今的纪念馆坐落于南湖南岸，由"一主两副"三幢建筑组成，呈"工"字形平面造型。从空中俯瞰主体建筑为一个硕大的党员徽章图案，展厅布置了"开天辟地大事变：中国共产党第一次全国代表大会"基本史料陈列和辅助专题陈列以及部分革命文物。

攻略

农历六月二十四为"荷花生日"，当日百姓在烧香拜祭的同时亦可避暑、观莲。后来，"观莲"逐渐形成了一个游览性的节日活动，遂有"观莲节"。在观莲节期间，嘉兴逐渐形成了每年举办"荷花灯会"的民间风俗，成为百姓休闲娱乐、抒发情感、寄托愿望的重要节日。

会景园坐落在南湖南岸，呈半岛形。园内有假山瀑布、楼台庭院、林荫步道、古桥流水，都是江南园林的风格。入口广场的假山用了300多吨黄石堆积而成，巧妙地运用了"抑景"的造景手法，上有郭沫若手书"南湖"二字。

湖心岛位于南湖中心，全岛面积17亩，是典型的江南园林，上有以烟雨楼为主体的古园林建筑群。烟雨楼取名于唐代诗人杜牧的诗句"南朝四百八十寺，多少楼台烟雨中"。楼重檐飞翼，典雅古朴，周围亭阁、长廊、假山、花台，疏密相间，错落有致，素以"微雨欲来，轻烟满湖，登楼远眺，苍茫迷蒙"的景色著称于世。湖心岛的东南岸，停泊着一艘中型画舫，是按当年中共

嘉兴南湖示意图

梅湾老街　　　　　狮子汇1921
壕股塔院　　　　　　小瀛洲
　　　南湖渔村
揽秀园　　　　烟雨楼
放鹤洲　　　　　　　南湖革命
　　　　　　　　　　纪念馆
　　　鱼乐国　南湖画舫
嘉兴市行政中心
　　　　　英雄园
　　　　　　　　　会景园
南湖革命纪念馆新馆

一大开会的游船重建的，被称为"南湖红船"。

嘉兴革命烈士陵园亦名英雄园，是新中国成立后为纪念曾经为嘉兴解放而英勇献身的革命先烈而建的。原址为市区三塔，后因城市规划，搬迁到南湖风景名胜区。整个园区共分为五个部分，包括入口、纪念碑、广场、烈士墓区和陈列馆。

揽秀园位于南湖西侧，是一座文物碑刻公园。它以"文星桥""仿古街"为中心，分南、北两园，北园西侧以中轴线对称，四进庭院式风格，内设著名画家蒲华纪念室。东侧为自由开放式园林布局，有菱香阁、三过亭、垂钓池等。全园建有碑廊270米，镶嵌历代大小碑刻95块。

壕股塔位于南湖西侧的南湖渔村之中，壕股塔是古时嘉兴七塔八寺之一，因北临城壕，其水曲如股而得名。塔高63.36米，七层，塔身为阁楼式，四周有回廊，沿袭宋代建筑风格。每层的四角翘檐上搁置一个精致佛像，下面垂挂古朴风铃。塔刹为国内罕见的纯铜鎏金铸成，耗用了三公斤纯金。壕股塔是一座可攀登的塔，塔中179级木梯盘旋而上，可俯瞰南湖全景，整个嘉兴城全貌亦尽收眼底。

梅湾街是具有江南地方特色的传统住宅、商业街区，具有浓重的清末民初风格。如今的梅湾街由梅湾美食城、梅湾新天地、梅湾商街、梅湾老街和梅湾商务区组成，老街至今还保留了一批具有浓郁

攻略

揽秀园东的文星桥埌北园、南园之间为明清建筑一条街，所有建筑均是从市区搬迁而来，街上开设嘉兴著名特产和旅游品商铺。

江南韵味的古典建筑。临湖而建的古宅能观赏到西南湖的水景风光，其本身也是一道美景。

梅湾街至今还保存着沈钧儒纪念馆、褚辅成史料陈列室、金九避难处、韩国临时政府旧址，以及即将恢复的莎剧翻译家朱生豪故居和水利工程学家汪胡桢故居等众多著名历史文化遗迹和名人故居。

攻略

梅湾街现已集聚了100多个商家，汇集了百年老字号的丝绸行、古玩店、手工艺品等商铺，同时还引入了婚俗馆、根雕馆、皮影戏馆及评弹书场等旅游项目，是嘉兴目前规模最大的历史文化休闲街区。

攻 略

美食 饕餮一族新发现

嘉兴的饮食文化源远流长，具有浓厚的江南特色，这里兼有杭帮菜和沪菜的特点；江南的小吃也别有一番风味，如南湖蟹、五芳斋粽子、文虎酱鸭等，不可不尝。

江南印象：招牌菜有芥蓝牛排、手撕鹅肉、韭菜炒蛋、黄鱼面疙瘩。位置：南湖区梅湾街2-7号。

禾城陆稿荐：有酱鸭、笋干、扎肉、香芋蒸咸肉、鸡汤、南湖菱、小米糕等当地特色菜。位置：南湖鸳湖路188号。

购物 又玩又买嗨翻天

嘉兴有五芳斋粽子、平湖西瓜、糟蛋、元青豆、桐乡湖羊羔皮、晒红烟叶、白菊花、嘉兴南湖菱、嘉善蘑菇、生姜、斜桥榨菜等特产。工艺品有嘉兴黑陶、嘉兴丝绸服装、平湖丝织毛毯、硖石灯彩、切菜刀、海宁皮革、桐乡蓝印花布等，这些是旅游购物的首选。位于嘉兴市西郊320国道上的洪合羊毛衫市场是全国最大的羊毛衫市场之一。

西塘
生活着的千年古镇

微印象

@李李李晓婷 西塘真的很美，可惜去的时候不是雨季，阳光下的西塘总感觉少了那么一点韵味。千万不要节假日去，安静的西塘才是最美的，几只小船整整齐齐地停在河边，偶有几个行人或急或缓地走过，随便一眼，都是风景，随便一拍，都是一幅画。

@百草园 西塘真的很美，湖水映衬着西塘淡淡的灯光，泛舟江面，看夕阳西下，是一幅唯美的景致。

门票和开放时间

门票：95元。

开放时间：古镇全天开放，小景点开放时间为8:00—16:00。

最佳旅游时间

四季皆宜，春季的西塘繁花似锦，秋季的西塘烟雨迷蒙。无论何时，古镇都悠悠流淌着她的古朴温柔之美。

进入景区交通

位置：嘉兴市嘉善县西塘镇。

交通：上海、杭州、苏州等地有多趟火车到嘉善站和嘉兴站，两地都有公交车直达西塘。

景点星级

美丽★★★★　休闲★★★★　人文★★★★　浪漫★★★　特色★★★　刺激★★

西塘已有千年历史文化，古镇区内有多处保存完好的明清建筑群。鸟瞰西塘，薄雾似纱，两岸粉墙高耸，瓦屋倒影。傍晚，夕阳斜照，渔舟唱晚，灯火闪耀，酒香飘溢。古镇无论春夏秋冬、晴阴雨雪，始终呈

现出一幅"人家在水中，水上架小桥，桥上行人走，小舟行桥下，桥头立商铺，水中有倒影"的水乡风情画。

西塘以"桥多、弄多、廊棚多"的三大特色而闻名，西塘坐落在"水网"之中，地势平坦，河流密布，众多的桥梁将水乡连接于一体。这里的居民惜土如金，镇内有120多条长长的、深而窄的弄堂。在西塘临河而建的沿街廊棚最为引人，实用的廊棚是水乡特有的建筑，西塘保存至今的1300多米长的廊棚已变成当代人赏古、探幽的休闲大餐。

西塘示意图

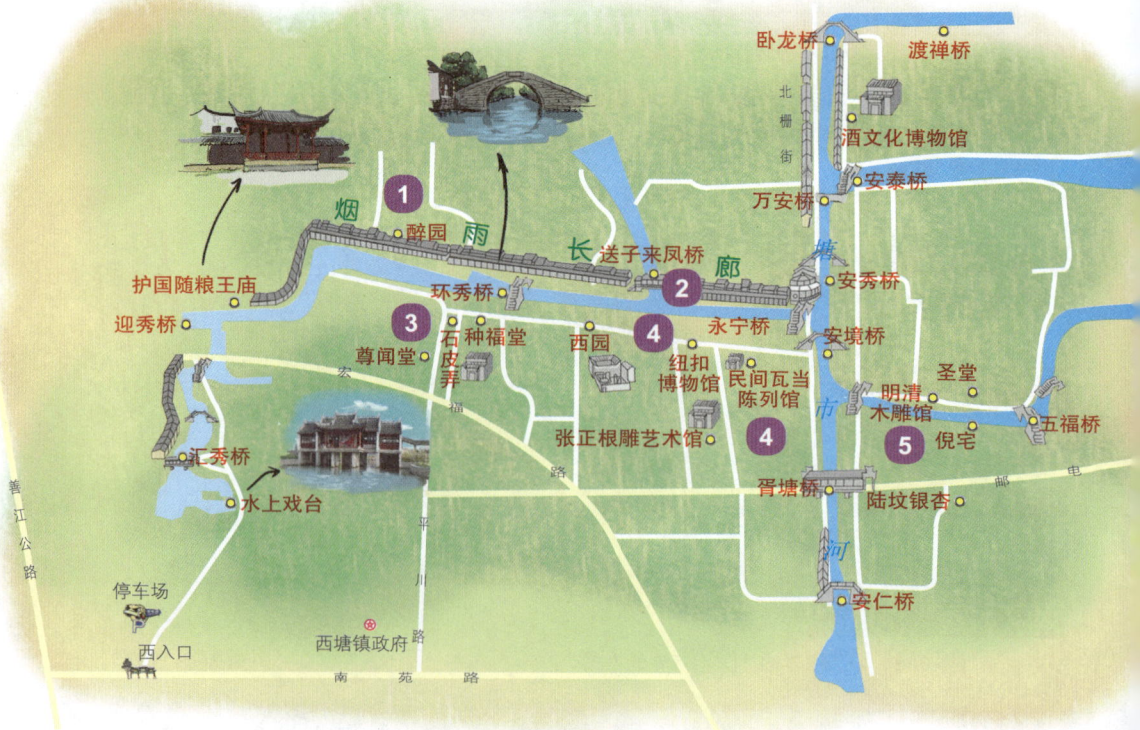

❶ 醉园

醉园因"醉经堂"得名,"醉经堂"为王氏世祖王志熙修建,初建于明,原有五进,现存四进,有古砖花坛和江南罕见之微砖拱桥。举步游览,池石玲珑,回廊通幽、翠竹生研、秀色醉人。

醉园的意思有三层:一是因"醉经堂",有醉读经书之意;二是园内景色醉人;三是沉醉于版画艺术。现醉园主人王亨的先父王慕仁也擅长书法,园内有一副对联"烟开兰叶香风暖,岸爱桃花锦浪生"就是他的作品。

攻略

正厅"艺香斋"有王氏父子王亨、王小峥版画陈列,描写的都是西塘的水乡风光。他们两人的风格有一定差异:父亲王亨先生的作品传统写实,而王小峥的作品则较现代抽象,供游客评赏,展示了西塘的家庭文化底蕴。

点赞 👍 @莫愁女 醉园最吸引人的是版画艺术家王亨老先生坐镇自家宅中,展示他的版画作品。王老先生亲自介绍一幅或两幅该如何装饰摆设,如何更显效果及含义,更为购画者签名,令人印象深刻。

❷ 烟雨长廊—送子来凤桥

古镇的廊棚总长达 877 米。其中朝南埭廊棚东起北栅栏,西至来凤桥,总长度 168 米,街宽 2~2.5 米。廊棚从街头面延伸至河边,圆木柱支撑着一层斜斜的屋面。廊棚为砖木结构,中间有一段最为出色,有翻转轩两层雕刻花纹。

送子来凤桥是走烟雨长廊必过的一座桥,为三孔石板桥。传说建造时,适有一鸟飞来,造桥人认为祥瑞,取名"送子来凤桥",此桥宽 10 米,正中有花墙相隔,行人可各走一边,老百姓俗称晴雨桥。桥顶

有棚,红檐黛瓦,古朴又新颖。桥两边有护栏,且有方砖铺就长条座,供人休息,可观河中景色。

点赞 👍 @独孤女 站在桥上,观赏整个西塘的景色,感觉很不错,尤其在雨中,更能体现出西塘独特的韵味。

故事 廊棚的典故

所谓廊棚,其实就是带屋顶的街。最初的廊棚是西塘塔湾街里的一胡姓商户所建,店主寡妇胡氏对铺前多次帮忙的水豆腐摊主心生情意,却难以启齿,就请工匠沿河建起了一排廊屋,使他免受风吹日晒。廊棚建好后,胡家铺子生意也红火了,于是镇上商家纷纷效仿,几年下来,竟连成一线,以致后来成为西塘独特的建筑式样。后来老百姓知道这层意思后,便给廊屋取名为廊棚,意思是为郎君而建造的棚屋。

067

西栅，夜灯初上，便是另一番模样。那些白墙黛瓦、古桥游船，在灯光的点缀下，变得华丽浪漫起来。

❸ 石皮弄—种福堂—尊闻堂

从烟雨长廊经环秀桥出来，步行几步便是石皮弄，它是王家尊闻堂与种福堂之间的过道。最宽处有 1.1 米，最窄处仅 0.8 米，弄内的石板路下是一条使全弄雨天不积水的下水道，薄如皮的石板作为下水道的表皮。上面是一条狭长的天空，有西塘"一线天"的说法。

石皮弄东侧是种福堂，它建于清朝顺康年间，前后七进加一后花园，为典型的明清民居风格。第一进是"门厅"；第二进是"桥厅"；第三进是"种福堂"，厅堂中央悬挂着海宁陈邦彦题写的"种福堂"匾额，以告诫后人"平日多行善积德，日后定能使子孙得福"。

石皮弄的西侧就是尊闻堂。尊闻堂建于元末明初，尊闻堂的整体建筑不及种福堂开阔气派，但整个布局很相似。其中，堂内的百寿厅堪称一绝，厅内的梁柱、廊窗都有图案，形态逼真。厅外有一小天井与石皮弄仅一墙之隔，有瓦檐小墙门作通道。站在小天井抬头向上望，层层叠叠的屋檐、屋脊和风火马头墙把蓝天割成锯齿形边的块状，是江南民居独特的风景。

链接　种福堂的来源

种福堂是南宋王渊子孙的宅院。相传王渊是宋高宗赵构南渡时，护驾随行到江南的。苗刘兵变时，王渊被杀，其子孙隐没于杭嘉湖一带。元朝末年，其子孙中的一支为了躲避战乱而定居嘉兴，后来，又移居到了西塘镇，兴此宅第。

点赞 👍 @uiyo479 很偶然遇到尊闻堂客栈，一看就十分喜欢。院子和房间精致尔雅，感觉特别舒服，人会很自然地放松，心情如微风一样，随风飘啊飘。

❹ 西园—纽扣博物馆—民间瓦当陈列馆

从种福堂出来沿西街向东行，便见西园。现在的西园园内有"朱念慈扇面书法艺术馆""百印馆""南社陈列室"等展厅。"朱念慈扇面书法艺术馆"展出了工艺美术大师朱念慈先生的精品扇面一百余件。"百印馆"里陈列着 100 枚反映西塘风情风貌的印章。

从西园继续向东便是纽扣博物馆，它共有古代纽扣展示区、近代纽扣展示区、现代纽扣展示区、贝壳纽扣生产工艺流程展示区、纽扣应用区、中国结展示区 6 个展厅。在馆内专门有师傅现场演绎贝壳纽扣生产工艺流程。

继续向东便是民间瓦当陈列馆，馆内有花边滴水、筷笼、步鸡、砖雕、古砖、陶俑六大类 300 多个品种。

点赞 👍 @路人乙 关于贝壳纽扣生产工艺流程其实很简单，就是看看贝壳纽扣怎么做出来的，但是做好的纽扣很吸引我，所以印象深刻，虽说不是很值钱，但是很有意义。

5 明清木雕馆—倪宅—陆坟银杏

明清木雕馆位于烧香港北。馆内陈列着 250 多件明清时期以来以西塘为代表的江南地区民居建筑木雕，雕刻技巧丰富多彩，图案典雅、工整，精致美观，集中展现了江南民居木雕特有的柔美、细腻、清新、绚丽的格调。

倪宅位于烧香港南，倪氏家族为镇上书香门第，倪宅前后共五进，前有廊棚，后有花园，正厅名为"承庆堂"。目前倪天增祖居是浙江省廉政文化教育基地。

陆坟银杏在西塘南棚下的俞家弄，原是御史陆邦墓地的一部分，墓现已无迹可寻，只留下墓周围的石人石马及两株老银杏树。老银杏树是一雌一雄，枝叶茂盛。

解说

陆邦出身西塘，做过都堂，为官清正，知识渊博，曾做过明朝通政御使赵文华的老师。传说陆邦的住宅是赵文华用监造嘉善城墙时多余的城砖建造的。

攻 略

食宿 饕餮一族新发现

西塘镇内多为当地人家开设的家庭旅馆，且很多旅馆内部的装修都秉承江南特色，价格不等。

静怡轩是石皮弄底的房子，有很雅致的饭堂，颇有"幽巷深处有人家"的味道。位置：西塘镇下西街石皮弄8号。

烟雨人家坐落于烟雨长廊间，东接环秀桥、送子来凤桥，西有醉园、七老爷庙等景点。沿河又沿街，环境宁静舒适，二层砖木结构房，有客房八间，古色古香。位置：西塘镇塔湾街9号。

西塘的小吃非常多，较有代表性的有荷叶粉蒸肉、八珍糕、"六月红"河蟹、麦芽塌饼、薰青豆、蜜汁大头菜、西塘第一面等。

乌镇

鱼米之乡　丝绸之府

@心灵创可贴 终于来到了江南，恨不得就此留在这里感受她的山水、她的烟雨、她的迷离。江南在我眼里就如含蓄优雅的古典女子，轻纱曳地，吴侬软语。

@俞思洋 乌镇真的很美，当一丝丝清凉的微风吹过脸颊，就会觉得神清气爽，如同走进了连绵不断的画卷，看着那小桥流水，石板小路，古旧木屋，还有清扬微薄的湖水，感觉很奇妙！

门票和开放时间

门票：东栅110元；西栅150元；东西栅联票190元。

开放时间：东栅冬季7:00—17:30，夏季7:00—18:00；西栅9:00—22:00。

最佳旅游时间

乌镇一年中最美的时候是春秋两季，一天中最美的时候是清晨与傍晚，清晨，河道上会漫起薄薄的雾气，仿佛梦境；傍晚，夕阳西照，一个活着的乌镇出现在眼前。

进入景区交通

位置：嘉兴桐乡市北端。

交通：在桐乡火车站乘公交K282到乌镇汽车站，再坐公交K350，到乌镇东栅、西栅景区。

景点星级

人文 ★★★★★　　美丽 ★★★★　　特色 ★★★★　　休闲 ★★★★　　浪漫 ★★★　　刺激 ★★★

乌镇系江南水乡六大古镇之一，曾名乌墩和青墩。1950年5月，乌、青两镇合并，统称乌镇。乌镇是典型的江南水乡古镇，素有"鱼米之乡，丝绸之府"之称。

虽历经2000余年沧海桑田，乌镇却依旧散发着浓郁的江南水乡风韵，连古镇的风貌格局，也还呈现出一派古朴、明洁的幽静。乌镇以河为街，街桥相连，依河筑屋，水镇一体，将水阁、桥梁、石板巷等独具江南韵味的建筑因素连成一体，有着江南水乡古镇的独特魅力。整个乌镇分为东栅景区和西栅景区，西栅老街是我国保存最完好的明清建筑群之一。

❶ 草木本色染坊

草木本色染坊为手工环保印染晾晒大型工坊。工坊占地2500平方米，晒布场地以青砖铺就，竖立着密密麻麻的高杆和阶梯式晒布架，规模相当宏大。

草木本色染坊除了以蓝草为原料浆染制作蓝印花布工艺外，还有独特的彩烤工艺流程。彩烤色彩丰富，是从当地的草木原料中提取的，像茶叶、桑树皮、乌桕树叶都是提取色彩的原料，所以这个染坊在当地叫作草木本色染坊。

点赞 👍 @桃儿小曼 位于西栅的草本染色作坊是到西栅看的第一个景点，印花的蓝色染布在风中飘摇，像是灵动的精灵，虽然不是特别艳丽，但都经历了锤炼，经历了蜕变。

② 昭明书院

　　昭明书院坐北朝南，是半回廊二层硬山式古建筑群。书院主楼是图书馆，可供阅览，并设有电子阅览室、讲堂、书画、教室等。中为校文台，庭园中有四眼水池，四周古木参天，浓荫匝地。西为拂风阁，在这里可以喝茶、读书、相互交流，水池中央有明代经幢。

解说

　　乌镇是文学巨匠茅盾的故乡，自第五届茅盾文学奖开始，乌镇就成了永久颁奖地，昭明书院的后侧就是茅盾文学奖获奖作家及作品展馆。展馆里陈列着历届茅盾文学奖获奖作家的照片、介绍和获奖作品。

点赞 👍 @空山新雨 听说当年昭明太子曾在这里读书，如今的昭明书院，不但有免费的图书馆，还有免费的网吧供游人使用。我坐在乌镇，又一次打开《似水年华》，看到剧中人一辈子的等待和一次次的错过。

乌镇示意图

③ 乌将军庙

　　当地百姓为纪念乌将军，集资建造了乌将军庙，乌将军被乌镇人当成了地方保护神。将军庙占地3600平方米，分前后殿，两侧有耳房偏院，园林假山。正殿正中供奉的是家喻户晓的乌将军，身后是将军的书童，而两边分别是火神和水神。

故事　乌将军的典故

　　安史之乱以后，浙江刺史李琦举兵叛乱，兵荒马乱，百姓无法生活。唐宪宗命乌赞同副将吴起率兵讨伐。乌赞率军将叛军一直追赶到乌镇车溪河畔。李琦佯装休战，深夜袭营，乌将军匆忙迎战，被叛军乱箭射死。

　　吴起率兵赶到，把乌将军埋葬在乌镇车溪河西。当天夜里，人们看到乌将军的坟上长出一株绿叶银杏，并很快长成参天大树，却从来不结果实。据说，这银杏就是乌将军的化身。

❹ 水阁

水阁就是街道、民居皆沿溪、河而造形成的建筑，也就是"人家尽枕河"。乌镇与众不同的是沿河的民居有一部分延伸至河面，下面用木桩或石柱打在河床中，上架横梁，搁上木板，形成特有的风貌。水阁是真正的"枕河"，三面有窗，凭窗可观市河风光。

❺ 古戏台

修真观戏台是道观的附属建筑，建于清乾隆十四年（1749年），与修真观一样屡遭毁损，但1919年修缮后，便一直保持到今天。戏台占地204平方米，北隔观前街与修真观相对，南临东市河，东倚兴华桥。戏台为歇山式屋顶，飞檐翘角，庄重中透着秀逸。梁柱之间的雀替均为精致的木雕，艺术价值极高。

点赞 👍 @哈特 去乌镇时正是旅游淡季，心情轻松，在古镇的河道旁边品一壶茶，很惬意，其实，很多景点都是在旅游淡季才能有心情去感受它的味道。

攻略

正月初五的迎财神会、三月廿八迎东岳庙会、五月十五迎瘟元帅会等，都要在戏台演神戏，招待修真观中的诸神。平时还演出一些"罚戏"，罚戏是乌镇传统的一种解决纠纷的方法，凡有人损害公益犯了众怒的话，当事人得出钱请戏班子在神前演戏，以示忏悔。现在乌镇每天早上8时起到晚上10时都会演出桐乡花鼓戏。

❻ 逢源双桥

逢源双桥桥下有水栅栏，系古时水路进出关卡。站在逢源双桥上，是眺望乌镇美景之一——财神湾的极佳视点，极目一望，东市河南岸垂柳依依，北岸水阁逶迤，令人心旷神怡。

解说

传说踏走双桥有男左女右的习俗，走一遍桥，须分走左右两边，因此又演绎出走此桥便可左右逢源之说。

点赞 👍 @anderdon 左边走一遭，右边走一遭。两边都走走，就能左右逢源。白天的时候人很多，人潮退去后很安静。

❼ 江南百床馆

　　江南百床馆是中国第一家专门收藏、展出江南古床的博物馆，面积约 1200 多平方米，内收数十张明、清近代的江南古床精品。从富商大贾到极普通的平民百姓的各式木床无不具备，从一床一室到一床多室（床内备有化妆间、卫生间、仆人间等）。既有贵胄们的奢华，也有普通百姓的俭朴，此展览是中国床文化的集大成者。

> 点赞 👍 @吾心一念 以前听说过有些老床是很有价值的，今天大开眼界了，进去百床馆，入眼的便是各式各样的木床，让人眼花缭乱。

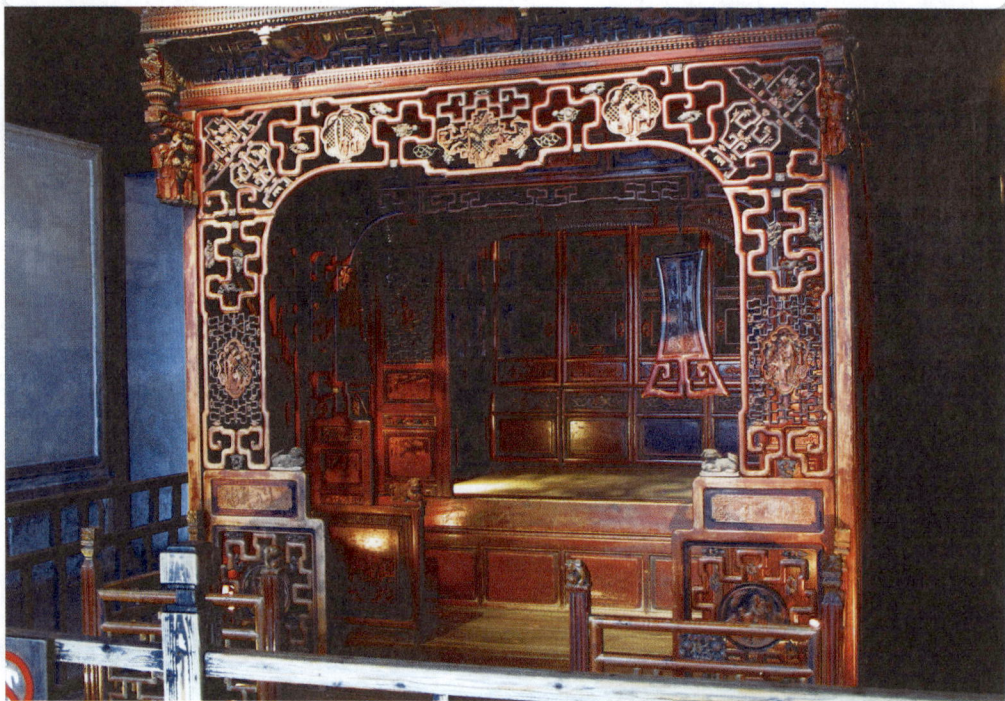

❽ 乌镇老邮局

　　乌镇有着悠久的邮政历史。唐朝时的乌镇就是一个商业非常发达的镇，京杭大运河穿镇而过。元朝正式有了马驿和水驿之分，在乌镇境内设置的大部分为水驿，就是用船运传递公文，驿站内设有固定船户，负责传递官方文书。乌镇西市河是京杭大运河的一条支流，乌镇老邮局就位于西市河畔。

　　老邮局的建筑风格和西栅大街木结构的老房子完全不一样，是砖瓦结构，大门是一扇西式的铁门，整个房屋的建筑特色有点中西合璧的感觉。几经历史风雨，它至今还在对外营业，在这儿还可以看到许多珍贵的文物级邮政展品。

攻略

　　在乌镇老邮局可以寄明信片，明信片可以在邮局购买，可以自带，还可以用拍摄的照片现场制作，可盖6种不同的乌镇邮戳，趣味十足。

> 点赞 👍 @凯迪拉克 还是喜欢用这种古老的方式来表达一份情感，虽然传递的时间会有点久，却多了一份期待。粘信封用的是旧时代使用的糨糊，这是小时候节节的味道。

攻略

交通 游遍景区不犯愁

❶ 东栅距离西栅约1.5千米，沿着子夜路一路向西，过乌镇大桥继续西行，过虹桥路后一路往北，就能到达西栅景区的南大门入口。

❷ 乌镇东栅景区与西栅景区之间有免费班车接送，也有人力三轮车和出租车等。

❸ 景区内有"公交船"，相当于水路的公交车，在沿河各景点和会所都有码头可上下。西栅景区往来于入口处的大船游客凭票免费摆渡。

食宿 饕餮一族新发现

乌镇内的客栈很多，多为当地人开设的家庭旅馆，装修等带有鲜明的江南文化特征，充满了浓浓的江南人家风情，房客可选择自己下厨过把瘾，也可让房东准备菜肴。

乌镇当地的美食特产和小吃等非常多，较有特色的有青团、乌米饭、姑嫂饼、手工酱、三白酒、白水鱼等菜馆，有以经营本帮菜的"首肉""荷叶粉蒸肉"著称的百年老店九江楼、三山馆，以山羊大面闻名的钱长荣菜馆以及应家桥堍的三珍斋酱鸭店。

特别提示

如果游客想住在西栅景区内，需购买包含西栅的门票。在入住期间，游客如需多次进出景区，可办理临时出入证，不用重复购票。

中国大竹海

优雅的竹画长卷

@铁椰头 大竹海果然景如其名，从景区入口进入后，四周山峦叠嶂，竹影清逸，沿小径登上高处，微风过处，竹海碧波荡漾，沙沙声不绝于耳。

@星星 走进竹海，烟雾缭绕，宛如仙境，风吹竹叶沙沙的响声，伴随潺潺的小溪流水声，清澈的溪中石斑鱼快活的游来游去，世外桃源的美景，忘记了呼吸，忘记尘世喧嚣！

门票和开放时间

门票：58元，竹林滑道40元，滑索30元。

开放时间：5月1日至9月30日 7:30—17:00；10月1日至次年4月30日 8:00—16:30。

最佳旅游时间

春夏两季最佳。夏季的竹海气候温和湿润，"藏龙卧虎"的中国大竹海和藏龙百瀑成为游客的消夏避暑佳处。

进入景区交通

位置：湖州市安吉县天荒坪镇五鹤村。

交通：湖州有发往景区的专线，早上出发，沿途游玩天荒坪抽水蓄能电站、安吉竹种园、吴昌硕纪念馆等旅游景点，当天返回。

景点星级

美丽★★★★　休闲★★★★　特色★★★★　浪漫★★★　人文★★　刺激★★

中国大竹海是浙江省最著名的大毛竹示范基地，有"中国毛竹看浙江，浙江毛竹看安吉，安吉毛竹看港口"之誉。大竹海所在的山岭名幽岭，地势东南高，西北低，三面环山，中间凹陷，西北开口，呈东南向西北倾斜的"畚箕形"狭长盆地地形。自南宋后与独松、百丈并列为"天目斗关"，形势险要，历史上为兵家必争之地。大竹海景区内大毛竹连山遍坡，壮观幽深，形如绿色的海洋。

来到景区放眼望去便是浩瀚如海的大毛竹。进园后，就只见满山的竹林苍翠欲滴，山山岭岭，绿竹成片，竹连竹，山连山，满目苍翠。碧波茫茫，翠浪接天，形如绿色的海洋，竹子的世界。风吹竹涌，风止竹静，万顷竹波，竹声滔滔。

点赞　👍 @梦驼铃 漫山遍野的竹海迎风招展，发出阵阵涛声，仿佛在欢迎我们的到来。

进入竹海，置身其中就恍若进入了绿色梦幻之境。大竹海内四季景色不尽相同。春雨携来遍地春笋，夏季的燥热溜不进竹海的包围，秋日斜阳下依然繁盛，冬雪过后雪拥枝头。

从大竹海的入口处进入，沿着右边的竹廊前行，便见有一处泉水，名"五女泉"。五女泉的泉水是从潭池中间的泉眼里涌出来的地下水，

故事　五女泉的传说

据说这里的竹子是天界的五仙女下凡所植，有一年大旱，竹子不断枯死，附近靠山吃山的山民纷纷外出谋生，五女向玉帝求情，玉帝一锄头刨下来，就刨出了这五女泉。

富含矿物质。泉水源源不断，冬暖夏凉，甘甜爽口。

观景亭

综合服务区
入口广场
停车场
新景区大门
荷香小筑
山石跌瀑
竹文化影视展览馆
古木竹雕馆
发展预留区
农家山庄
五女湖
倚绿木栈
观竹楼
竹戏园
观景平台
筑墙遗韵
卧虎藏龙拍摄平台
青竹茶坊
索道站点
竹海之音
野营拓展区
竹林仙踪
竹海观景区
巨石神龟
官财坑瀑布
天荒坪
二期电站
竹海之舟（索道）
芙蓉谷
龙凤潭
林海烟云
观音洞
群瀑竞秀
白水瀑
银河瀑
千年香道
龙渠古道
石佛寺
观音骑马石

中国大竹海示意图

五女泉的下游分别有"解羞泉""孝子泉""情缘泉"及"问子泉"。五女泉便是四口小泉的源头。

告别五女泉，继续向前去探寻竹王的踪迹。一路上，放眼望去，满山遍野是碗口粗十几米高翠绿的毛竹，大竹王便在其中，顺着台阶走上去看到的便是大竹海的新竹王。它虽没有老竹王的粗壮，却包藏有更多的生命力与活力。

解说

大竹王周长有21寸，曾经是全国最大的毛竹。作为当时独一无二的大毛竹，它在20世纪80年代初期，被送去北京农业博物馆珍藏与展览。

小贴士

山不高，可徒步上山。如果不想走路，还可以坐上大竹海特有的老牛车，优哉游哉。下山也可以体验一下竹林滑道或滑索。

一路上山，山顶上有座20米高的观竹楼，登上观竹楼，放眼四望，周围全是山，山上全是竹。看着一层层的绿，便什么都不想了，只能感受到竹林的静谧，耳边只听得见风过竹林的沙沙声，眼睛只看得见那荡漾的绿波，心也被所看所听润泽了。

中国大竹海还是电影《卧虎藏龙》和电视连续剧《像雾像雨又像风》的影视拍摄基地。在竹林中穿行会见到它的拍摄场地。山林野泉、鸟落花香、茅屋结舍、情意缠绵，如诗如画。

点赞

@幽谷w兰馨 竹林深处空气十分清新，吸口气内心好像也渐渐平静了下来，总觉得眼睛不够用，而心里涌起一股清泉。

攻略

住宿 驴友力荐的住宿地

中国大竹海的住宿场所有酒店和农家乐，景区入口处有安吉大竹海度假村，是一家按国家四星级标准建造的集旅游、观光、商务、住宿为一体的度假酒店，景区外有多家农家乐。

安吉竹云野趣民宿：位于李安电影《卧虎藏龙》拍摄点中，坐落于山顶，视野极其开阔，面朝云端，四面环山，后临竹海，背椅灵峰山麓，与中国大竹海隔山相望。

望竹楼山庄：坐落于中国大竹海景区旁，最好能预定到面朝田野和竹海的客房，可以聆听大自然的天籁之音，令人心旷神怡，豁然开朗。位置：大竹海景区旁。

安吉江南天池度假村：酒店的周围都是云雾环绕，景色非常美。房间的窗户是落地玻璃，外面的景色一览无余。位置：天荒坪镇横路村，近江南天池高山温泉。

美食 饕餮一族新发现

中国大竹海周围的农家乐提供独具特色的莫干山"全鹅宴"长兴"茶宴"，并有多家餐馆提供当地的特色菜及小吃。在绿光森林农家乐可以吃到旅店老板娘自己种的蔬菜、野笋、小鱼等；在竹海农家乐山庄大厅可以品尝到冬笋、笋干、绿色蔬菜、当地纯天然的小鱼等各式农家风味佳肴。

购物 又玩又买嗨翻天

景区周围有售南浔香大头菜、顾渚紫笋茶、雷甸枇杷等特产。在绿光森林可以购买到正宗的本地特产，如笋干、山核桃、长寿果、安吉白茶等。

安吉白茶：是在特定的优良生态环境条件下形成的变异茶树，属绿茶类。安吉白茶特色明显，具有观赏、营养、经济三大价值。

安吉冬笋：美味可口，历代美食家都把竹笋列为"素食第一品"，安吉冬笋个体丰满、质嫩味鲜。可制作多种美味佳肴，是安吉"百笋宴"中的珍品。

莫干山

中国四大避暑胜地之一

微印象

@火凤凰 莫干山，春寒料峭的时候去的，正逢下雨，非常冷，山路的弯道非常多，到底多少个弯，刚开始的时候还想着数一下，到后来就数糊涂了，晕车的人要做好准备！

@好嫂子 景区路面修整得很好，沿蜿蜒山道曲折而下，竹林间时不时可以看到墙影斑驳的别墅，风格各异，与大自然融为一体，巧妙点缀了莫干山的清秀俊美。

门票和开放时间

门票：旺季95元，淡季80元。

开放时间：8:00—17:00。

最佳旅游时间

夏秋季为最佳时令。因莫干山地处一定高度，绿化覆盖率高，且多流泉及储水量大的修竹，因此夏季气温较低，早晚尤为凉爽，最宜避暑。

进入景区交通

位置：湖州市德清县，东门在天池禅寺前，南门在牛头岗。

交通：在德清乘坐公交或租车前往，到达景点后，景区内有中巴，可乘坐中巴到达景点游玩。

景点星级

休闲★★★★　美丽★★★　浪漫★★★　特色★★★　人文★★★　刺激★★

莫干山以竹、云、泉"三胜"和清、静、绿、凉"四优"而驰名中外。山峦连绵起伏，风景秀丽多姿，景区面积达43平方千米，享有"江南第一山"之美誉。

莫干山已有1000多年的开发历史，吸引了各代无数的名人前往，留下了难以计数的诗文、石刻、事迹以及二百多幢式样各异、形状美观的名人别墅，形成了丰富的人文景观。莫干山中心景区包括塔山、中华山、金家山、屋脊山、莫干岭、炮台山等，既可看日出、云海，又可观瀑布、清泉。

从古天池售票处进入景区，行不多远就会看到古天池和天池寺，再往前行到半山腰便是旭光台，登上旭光台，向前可遥望壮丽河山和繁华市镇，向后能远观莫干山上形形色色的别墅。台前有两条路，一条是往武陵村，一条是往剑池。

小贴士

武陵村东临陡崖，视野开阔，最宜远眺；问津亭是俯视山景，观日出、月落的最佳去处。

小贴士

旭光台四面开阔，是少见的能够全方位观日出及摄影的好去处。

去武陵村先看见的是村口的滴翠潭。滴翠潭是人工开凿的水潭，潭水清澈、内植睡莲。旁有挹翠亭，松木结构、古朴典雅。潭边赭红色巨岩，高20余丈，镌"风月无边""莫干好"及钱君陶所题"翠"字。"翠"字高如三层楼，气度雄伟、神韵飘逸，为江南第一擘窠大字。

武陵村坐落于莫干山屋脊头岗顶上，地势高旷，景观壮美，绿荫蔽天，景色秀丽，形成竹海。掩映于绿树芳趣之中的武陵村宾馆别墅群，曾接待过诸多中外名流。

莫干山示意图

点赞 👍 @香樟 滴翠潭值得观赏的最妙之处在于那个"翠"字，在山壁上是阴文，而潭中倒影则呈现阳文，并不在于这个字有多大。

沿路返回经旭光台走另一条路，不久便能够看到干将、莫邪雕像，向下走一段时间便是剑池。剑池大约有 5 米见方，周有铁栏，靠峭壁处有亭，剑池边上有阜溪桥。在阜溪上游50 米处，有两股溪水汇合为一股，顺涧飞奔而下，直冲阜溪桥，这是四叠飞瀑中的第一叠飞瀑。第二叠瀑布从桥向下跌落注入剑池。瀑布进入剑池，稍一停蓄，又向下飞奔，直泻剑潭，飞流竟高 10 余米，气势磅礴，触石有声，颇为壮观。第四叠瀑布从剑潭落下，汇聚入溪，形成短瀑。另外还有磨剑石、试剑石、摩崖石刻等景观。

解说

莫干山由干将、莫邪铸剑而得名，而剑池据说就是莫邪干将磨剑的地方，藏于荫山修篁幽谷中。相传，莫邪、干将在此铸雌雄宝剑，磨以山之石，淬以池之水，则铦利倍常。

点赞 👍 @夏日的雾 去剑池景区是一段下山的石阶，剑池水清见底，由瀑布冲击而成，水势颇急，第三瀑最为壮观，水击岩石，跃起浪花，站在瀑边，清凉无比，捧一汪清泉在手，清凉甘甜，暑气顿消。

沿剑池景区继续向上便能看到芦花荡公园，园内树林葱茏，流水淙淙，夏日幽静清凉，极宜消暑。芦苇景宜遐想，花丛留影，各得其趣。芦花荡公园的大门是圆形拱门，进门是一椭圆形水池，中间立有假山，假山边上几只白鹤塑像，亭亭玉立，神态悠悠。池中还有喷泉，水质清冽。拾级而上迎面就是"清凉世界"四个大字。往上是一平台，平台前有一草坪，有开山老祖莫元塑像。

故事 莫元成仙的传说

相传春秋末年，太湖人莫元中年娶妻，老年得女。妻故后携女莫邪来山隐居，闲时学医采药，为乡人治病。山上百草俱全，唯缺芦苇，莫元从太湖移来芦根，植于门前水洼。寒来暑往，芦苇成荡。忽一日，天空一声鹤唳，昆仑山西王母派往东海瀛洲的仙鹤信使，正被秃鹰追逐，坠入芦荡。莫元赶走恶鹰，救下仙鹤，后莫元成仙跨鹤而去。

从芦花荡公园往上，白云缭绕着 13 幢别墅，称"白云山庄"。最引人之处是白云山馆，是黄郛的别墅，共三幢。

白云山馆建于 1915 年，现门牌是 509 号，整体保存完好。靠南的一边是两间小屋子，一间会客厅，另一间是餐厅。二楼中间是东西走向笔直宽敞的过道厅，直通阳台，南北各两间屋子，朝北的分别是主人卧室和起居室，朝南的分别是两间客房。走到阳台向下俯瞰便是一直径约 10 米的圆形露天舞池，颇为独特。

皇后饭店建于 1934 年，位于上横景区，由将军楼、梦坡楼、随园、怡心阁、栖凤楼、潇湘馆、冷庐等十几幢风位格迥异的别墅组成。1954 年 3 月，毛泽东主席在杭州主持制定第一部宪法期间，由省公安厅王芳等陪同上山，在此下榻。此后，皇后饭店声名大振，慕名来参观者络绎不绝。留宿皇后饭店，可远眺碧波荡漾的莫干湖，晚观落日余晖，漫步曲折绵延的竹径，领略"小西湖"云逸亭的独特姿色。

攻略

交通 游遍景区不犯愁

❶ 环山旅游车：通行于山上各主要景点、别墅之间。莫干山景区管理局还备有大小各类旅游车，随叫随到。

❷ 租车：山上各景点间没有公交车通行，可以选择租车游览。

住宿 驴友力荐的住宿地

在避暑胜地莫干山旅游，只有住在风格各异的民宿细细品味，才能真正体会到这里旅游最大的乐趣。古朴的外观、现代化的内部装修为莫干山各大民宿住宿设施的主格调。下榻于此，别有情调。

景区内有二百多幢风格各异、造型美观的别墅可供住宿，且大部分建于二十世纪二三十年代，最早的建于1898年。建筑风格主要有西欧乡村田园式、中世纪城堡式山庄、中国古典式建筑等，掩映于茂林修竹之中，犹如世外桃源，尽可体味宁静幽远的情趣。

美食 饕餮一族新发现

莫干山的竹笋以质优闻名，天然笋系列食品及蕨菜、野芹菜、石鸡等，含有丰富的蛋白质、钙等营养成分，不仅美味可口，更兼具有药理之效。

主要名菜有生炒石鸡、兰花鞭笋、翠玉扁尖、竹盅藏腿、南乳焖肉、清蒸甲鱼等，其中生炒石鸡最负盛名。

鲁迅故里

跟着课本游绍兴

@将寒未寒 从鲁迅祖居到鲁迅纪念馆，从百草园到三味书屋，这里的历史感厚重。因从小到大学习鲁迅先生的文章很多，在鲁迅故里找到了那种亲切感和归属感。

@流氓兔 比较适合带年长者或小孩去玩，比较安逸。小路上走走，老酒喝喝，小船坐坐，感觉就是体验一个古镇差不多啦，没有乌镇那么挤得没有规则。

门票和开放时间

门票：鲁迅故里门票可凭身份证在鲁迅故里游客中心免费领取，包括鲁迅纪念馆、鲁迅祖居、鲁迅故居（含百草园、绍兴民俗展览、朱家台门）、三味书屋。

开放时间：8:30—17:30。

进入景区交通

位置：绍兴市越城区鲁迅中路。

交通：可乘坐8、13、111等路公交车在鲁迅故里站下车即到。

景点星级

人文★★★★　美丽★★★　休闲★★★　刺激★★　浪漫★★　特色★★

绍兴鲁迅故里是鲁迅先生早年成长、生活的故土，这里藏着鲁迅先生笔下无拘无束的童年。鲁迅故里的入口，墙上有着版刻风格的浮雕，一下子把人拉回读书的年代。

鲁迅故里有着浓厚的文化内涵和水乡古城经典风貌的历史街区。一条窄窄的青石板路两边，一溜粉墙黛瓦，竹丝台门，鲁迅祖居（周家老台门）、鲁迅故居（周家新台门）、百草园、三味书屋、寿家台门、土谷祠、鲁迅笔下风情园、咸亨酒店穿插其间，一条小河从鲁迅故居门前流过，乌篷船在河上晃晃悠悠，让人感慨万千。

❶ 周家新台门

新台门位于鲁迅故居的东面，新台门建于清嘉庆年间，是一座大型的台门建筑，坐北朝南，青瓦粉墙，砖木结构，共分6进，共有大小房屋80余间。

当时，新台门内共居住着覆盆桥周氏中的6个房族，1918年底，整座新台门和百草园一起卖给东邻朱姓。朱姓在购得新台门后，大兴土木，将新台门连同他自己原有的住宅一起，改变原有结构，拆掉重新建造，新台门大部分房屋面目全非。位于原台门西面的鲁迅故居的主要建筑未被改建，较为完好地保存了下来。

攻略

景点门口有一个较为集中的乌篷船乘船点，可乘船抵达东湖、沈园、鲁迅文化广场、八字桥等市区较为著名的景点，价格依路程远近，10元到65元不等，明码标价。

点赞 👍 @东北虎 人流如织，是一个适合回味书中景点的地方。怀着对先生的敬仰，来到鲁迅故居，这儿有着浓厚的文化底蕴，参观的时候最好请个导游，边走边听导游讲解可以更深入地了解。

❷ 百草园—三味书屋

百草园的名称虽雅，其实只是一个普通的菜园，是新台门周氏族人共有的，面积很大，平时种一些瓜菜，秋后用来晒稻谷。童年鲁迅经常和小伙伴们来到百草园中玩耍嬉戏，捉蟋蟀、玩斑蝥、采桑葚、摘覆盆子、拔何首乌。

三味书屋是当时绍兴城内一所颇负盛名的私塾。鲁迅12岁开始到这里读书，前后长达约5年的时间。三味书屋约35平方米，正中上方悬挂着"三味书屋"匾额，是清朝著名书法家梁同书所题。

点赞 👍 @海岛之恋 去年去了鲁迅故居，正好赶上淡季，那时游客比较少，不过这样也许更能感受故居的气氛。故居里面有百草园，现在那里也种着一些蔬菜。偶尔有几棵树下注了解释，引用了鲁迅作品中的文字。
👍 @二当家的 三味书屋大大小小的房间，庭院错落其间，狭长的廊间通道很有历史感，原来从三味书屋到百草园那么近。

❸ 绍兴鲁迅纪念馆

　　绍兴鲁迅纪念馆位于鲁迅故里东侧，它东接鲁迅祖居，西邻周家新台门，北毗朱家台门，南临东昌坊口，与寿家台门隔河相望。纪念馆外部是绍兴台门建筑形式，主入口采用绍兴传统竹丝台门。

　　绍兴鲁迅纪念馆里的鲁迅生平事迹陈列厅是一座富有绍兴特色和时代特征的现代化展馆，充分体现了鲁迅精神的人文内涵。陈列厅有序厅、南北主展厅、辅助展厅、名人文库及休闲区等。

> 点赞　👍 @旧年檐下燕　怀着对鲁迅先生的敬仰之情，进入纪念馆，被打动着、吸引着，一幕幕画面在眼前掠过。

❹ 鲁迅祖居

　　鲁迅祖居位于新建的鲁迅纪念馆陈列大厅的东首，青瓦粉墙，砖木结构，是典型的封建士大夫住宅。周家老台门原为周氏族人居住，新中国成立后，被国家收购拨款修葺。现在老台门陈列着以周家老台门的建筑格局为基础、周家鼎盛时期的面貌为背景、融合其他大户人家有代表性的生活场面做实景布置展示清代绍兴大户人家的生活场景。

> 点赞　👍 @樱篮学长　绍兴是茴香豆，是社戏，是三味书屋，是闰土，是细脚伶仃的圆规，是孔乙己，是狗气杀……绍兴的一切都浓缩在了先生的描写中，在鲁迅祖居再现。

⑤ 朱家台门

在绍兴鲁迅纪念馆西北侧，有一朱家台门，又称"老磐庐"，它西接周家新台门，东邻周家老台门，北临东咸欢河。朱家台门环境幽雅，古色古香，是一座典型的花园台门建筑。朱家台门的主人叫朱阆仙，即买下周家新台门的"朱文公的子孙"。朱家台门原为越王望花宫故址，系明初名将胡大海官宅的一部分。

点赞 👍 @害羞的苹果 去鲁迅故里听导游说得最多的就是教科书上的文章，我们都是背着鲁迅的短文长大的，他的故里成了很多人陌生而又熟悉的地方。

攻 略

住宿 驴友力荐的住宿地

绍兴咸亨酒店：创建于1894年，是一家以江南文化、越文化为背景，融名城、名士、名酒风情于一体的文化主题酒店。位置：绍兴越城区鲁迅中路179号。

绍兴台门人家酒店：是景点式居民酒店，具有浓郁的绍兴地方建筑风格，地理位置优越，东临绍兴最为著名的旅游景点鲁迅故里，与咸亨酒店隔水相望。位置：绍兴人民中路122号。

美食 饕餮一族新发现

绍兴饮食富有江南水乡的风味，以淡水鱼虾河鲜及家禽、豆类为烹调主料，注重香酥绵糯、原汤原汁、轻油忌辣、汁味浓重，而且常用鲜料配以腌腊食品同蒸同炖，配上绍兴黄酒，醇香甘甜，回味无穷。

到绍兴旅游，绍兴老酒、梅干菜烧肉、茴香豆等不能不尝，另外这里的美食还有酱制菜肴，如酱鸭、酱鹅、酱菜等。

柯岩风景区

古越风情

微印象

@lucy 以前和朋友去过，风景很好的地方，石佛很威严，《大唐双龙传》拍摄的取景地，风景秀美，云骨造型独特，直耸入云。小岛上酌一杯会稽山的绍兴黄酒相当惬意，很有意境。

@那罗延天 山清水秀，黄金周人也不是很多，值得一去。云骨和石佛还是很有特色的，水上的戏台有演员唱越剧。

门票和开放时间

门票：柯岩、鉴湖联票80元，鲁镇社戏演出128元。

开放时间：8:00—17:00。

最佳旅游时间

绍兴每年3月至4月春暖花开，是旅游的旺季。6月下旬至7月初是梅雨季节，需要带一把雨伞。9月至10月天气转凉，应多备些衣服。

进入景区交通

位置：绍兴市城西12千米处。

交通：绍兴市区乘603路、77路，柯桥区乘805路、77路、607路至柯岩风景区站即是。

景点星级

人文★★★★　休闲★★★★　美丽★★★　浪漫★★★　特色★★★　刺激★★

柯岩风景区是以采石遗景为特色的石文化景区，始于隋唐。它以古越文化为内涵，融绍兴水乡风情、古采石遗景、山林生态于一体，有著名的"柯岩八景"，为越中名胜。风景区包括柯岩景区、鉴湖景区、鲁镇景区三部分。

1 柯岩景区

柯岩景区包括石佛、圆善园、名士苑、镜水湾等景点。

来到石佛景区，可以看到这里粗犷原始的山石，姿态各异的石宕、石洞和石壁，让人惊心动魄。特别是两"柱"孤岩，一胖一瘦，相对而立。左边是天工大佛，开凿于隋代，为弥勒佛盘坐造像，佛像慈祥、端庄，是江南古石刻艺术珍品。佛像右边就是"云骨"石，是隋唐以来采石而成。从平地上直插云霄，形体曲折，上宽下窄，犹如一座颠倒过来的宝塔，可称奇观。石上写着"云骨"二字，刚劲有力。顶端古柏苍翠，虬枝横斜，据考证树龄已逾千载。

绕过山水，走到圆善园普照寺，依山就势的大片唐式建筑出现在眼前，曲折延伸，过山门，走到佛殿，庙宇很高，屋檐挑出如展翅欲飞的雄鹰，翘首于柯山。

出来寺院沿路走不远，就看到镜水湾景区的三聚同源，一个外方内圆的文化广场，广场中心有一个石头雕像，另有三个汉白玉雕像，分别为孔子、老子、释迦牟尼雕像，象征着儒、道、佛三教相聚。镜水湾景区还有少儿天地、情人谷、戏台、石竹居、杏花坡、越女池等景观。

2 鉴湖景区

鉴湖是绍兴的"母亲湖"。坐上乌篷船，慢慢行驶于水道中，吃着茴香豆，听着船家哼着的小调，看着慢慢划过的风景，简直就是一幅活生生的江南水乡画。船慢慢地进入鉴湖，水域开阔，水平如镜，青山、怪石、细柳映于湖中，清晰可见，湖上有一条长长的堤坝，叫"白玉长堤"，这就是古纤道。坐在船上望去，纤道犹如一条漂浮在水面的白练，如有兴趣还可以漫步白玉长堤，赏美景秀色。还可以上湖中的葫芦醉岛游览一圈，岛上有壶觞酒楼、投醪劳师群雕、曲水流觞等，是了解绍兴黄酒文化的好地方。

小贴士

普照寺外有带着免费讲解牌的讲解员，说是讲解费已经包含在门票内。不过之后会有抽签之类的活动需要解签交钱，注意要根据自己的需要，决定需不需要讲解。

点赞

👍 @牛牛_jack 柯岩的石头很有看头，奇石众多，很有一番品位的感觉，特别是云骨让人惊叹。

③ 鲁镇景区

从画舫码头穿过鉴湖可直奔鲁镇。鲁镇民俗风情街是鲁镇的繁华处，街河并行，街随河走，桥连街衢，坊巷纵横，店铺沿街布局，疏密有致。鲁镇的建筑大多在鲁迅笔下出现过，像钱府、鲁府等，走在街上还会看到鲁迅笔下经典人物的塑像，阿Q的最多。

镇内还有扮相逼真的阿Q、祥林嫂、鲁四老爷、镇公所、清兵、官老爷等，在街上上演一幕幕故事，"祥林嫂寻阿毛""阿Q造反""孔乙己逗小孩""杨二嫂卖豆腐"等，在游览中就能够"读点鲁迅"。

攻略

在鲁镇还有一些体验活动，像坐（拉）洋车、坐（抬）花轿、登台唱戏、茶馆点曲、竹庐品酒、坐盘称人以及押宝讨彩等。

东汉笛
高尔夫球练习场
百船码头
越女采莲（菱）五桥步月 高迁桥
镜水桥 码头
八仙桥 澄浦桥
湖畔居
葫芦醉岛 画马桥 揽月榭
壶觞楼 码头 画桥
挍醪劳师 柯山坊 系锦桥 码头 马臻碑
曲水流觞 白玉长堤（古纤道）
南洋秋泛 鉴湖景区
码头
渔寮会友 水上垂钓

点赞 👍 @原味奶茶 鲁镇虽然人工雕琢的味道很重，可是感觉好像在鲁迅先生的话剧里行走，这里的房子造得很漂亮，完全按照鲁迅笔下的鲁镇来安排。

柯岩风景区示意图

柯岩景区 手印山 紫竹轩

镜水飞瀑 石观音
龙腰池 观景台 大雄宝殿 钟楼

石室烹泉 罗汉院
仙人洞桥 大王洞 情人谷 弥勒殿 财神殿
蝙蝠洞 集萃轩

名士馆 七岩观鱼 炉柱晴烟
石竹居 放生池 文昌阁
越女春晓 天工大佛
日月同辉台 镜中镜酒家 拜台 拜石亭
垂钓堂 八卦台 莲花听音
聚商源 醉石亭

越中名士苑 社戏台

钱府 少儿天地
鲁家 碑亭
祠堂 鲁府 百盏馆 静修庵
一柱烛天

陈半丁纪念馆 双面戏台
管理用房 售票处

奎文阁 含镜桥 土谷祠 赵府 风雨亭 游客中心
鉴湖 码头
鲁镇客栈 鉴湖碑
鲁镇景区 茂源酒家

攻 略

住宿 驴友力荐的住宿地

　　绍兴金昌开元大酒店：地理位置优越，位于中国柯桥轻纺城现代市场核心区域，毗邻鉴湖及柯岩旅游风景区。位置：绍兴柯桥金柯桥大道1277号。

　　绍兴鉴湖大酒店：江南水乡特色的园林式现代化酒店，位于鉴湖之畔。位置：绍兴市柯桥区柯岩大道518号。

美食 饕餮一族新发现

　　镜中镜酒家：位于柯岩景区，酒店临湖而建，可以边赏湖景边品酒、就餐。不过酒店以团队就餐为主，遇上高峰期会等很长时间。

　　寻宝记绍兴菜：位于鲁镇的本地菜网红店，门口有穿戏服揽客的，菜品口味很好。

五泄风景区

诸暨小雁荡

@小鱼儿323 是个避暑的好地方，那里的山和水都很漂亮，夏天的时候还可以翻石蟹，景区最出名的就是五泄瀑布，五个瀑布五种姿态，还有许多名人的字迹。

@轻轻地来了 去的时候正值旅游旺季，风景诱人，瀑布非常壮观，坐渡船时有漓江的味道，碧水青山。

门票和开放时间

门票：80元（含船票）。

开放时间：8:00—16:30。

最佳旅游时间

夏秋之际最佳，此时气候温和湿润，光照充足，也是观瀑戏水的好时节。

进入景区交通

位置：绍兴诸暨市西北郊20千米处。

交通：诸暨市区乘57路旅游专线可直达景区。

景点星级

美丽★★★★　刺激★★★★　休闲★★★　浪漫★★★　特色★★★　人文★★★

五泄风景区有72峰、36坪、25崖、10石、5瀑、3谷、2溪、1湖，是一幅天然的画卷。五泄不仅自然景观非常出众，还有众多的人文景观。历朝历代都有不少文人墨客到此畅游，留下了很多诗篇词画。景区以瀑、峰、林称胜，以五级飞瀑为精髓，景区内群峰巍峨，壁峭岩奇，飞瀑喷雪，溪洞峥琮，林海茫茫，仓紫万状。有碧波荡漾的五泄湖、四季如春的桃源、一水五折飞瀑撼人的东源和幽雅深邃的西源峡谷四个景区。

从青口进入景区，沿公路前行，路旁可见曲溪青流，再往前就是叠石岩。它高数十丈，层层叠叠如同彩屏一般。再向前便是五泄湖水库，弯弯曲曲，长约2千米，犹似一条绿色的绸带飘浮在群山之中，由紫藤长廊台阶登上坝顶，眼前展现的是一湖碧水，绿波荡漾，深不可测。

也可登船畅游五泄湖，在游船中还可以观赏许多奇特的山石景观，夹岩洞为其中一景。当年夹岩洞下有夹岩寺，香火较旺，水库建成后，寺庙成为水底龙宫。夹岩洞恰好位于湖面之上，洞高16米，深20米，内曾供奉

五泄风景区示意图

西源景区

刻镂台　松亭　永丰亭
子槽坪
双峰岩　第一泄
郁孤峰
犀角石　第二泄　第三泄　响铁岭
石笋　　　　　　第四泄
石穴墓　　　　观瀑亭
宝陀峰　第五泄　栖真岩

东源观瀑区

摘星岩　五泄寺
香炉峰　石屏　螺蛳湾
茶壶坪　毛龙潭
朝阳峰
天柱峰
童子峰
桃源景区
积翠峰　大树下
玉女峰　　　太阳坪
天一碧　五泄溪
松树王
野猫洞　哺乳峰
老僧峰　仙掌峰
杜鹃峰
观湖塔　五泄湖景区
山后塘
仙桃峰
日照亭　夹岩峰
夹岩洞
景区入口
游船码头　叠石岩

攻略

进门后不久，在一景点处，有景区工作人员为每一个游客拍照，游完后出大门时在大门对面屋内取照片，小照片免费，大照片收费。

千手观音，外观幽暗莫测，颇具神秘色彩。沿湖还可以观赏元宝峰、鹫鹰峰、仙桃峰、老僧峰等。

攻略

在桃源景区入口处有电瓶车站，可以直接穿过桃源景区，到达东源和西源的入口，步行则需要30多分钟。

在天一碧码头登岩，沿五泄溪向北，便可以看到桃源景区的入口，走在桃源的小径上，清风徐徐，幽静宜人，树林、翠竹、芭蕉、野花令人陶醉。步行半小时后，就到了五泄禅寺，五泄禅寺为唐代灵默禅师所建，现有的建筑多为明代所建，寺内唐代灵默大师舍利塔依然屹立。有灵默大师的七叶荷花舍利宝瓶，内装灵默大师真身舍利子三粒。寺内有明代画家陈洪绶书写的"三摩地"石刻门额，清大学士刘墉为官厅题写的"双龙湫室"匾额。寺左面的石壁上还刻有明代文学家徐渭"七十二峰深处"的题词。

过五泄禅寺就是东源和西源的入口，东源和西源景区相互连通，从任何一边进入都能从另一边出来。从东源进入便是五泄瀑布，拾级而上，一路上相继观赏到五泄—四泄—三泄—二泄——泄。一水五折，折折成瀑，泄泄各异。

第一泄水流从石河泻下，瀑布小巧平缓，柔美如月笼轻纱，隽永可秀；第二泄紧接一泄，落差为 7.1 米，瀑布下落时，被一块兀石分成两半，分流如珠帘动，开朗而又深沉，瀑布坠入深潭，又从深潭中回旋而出；第三泄气势壮观，宽阔平缓的瀑布浩浩荡荡奔泻跌宕于岩石之中，变幻无穷；第四泄瀑布由散而收，跌入斜长形的深潭中，从陡崖中劈险沟，过峭壁，呈之字形急剧旋转，飞滚翻腾，奔泻跌宕；第五泄从悬崖上狂奔而下，声似滚雷，形如匹练。瀑布下泻后，先跌在悬崖上，银花飞溅，接着又翻滚飞腾，似银蛇狂舞，又如蛟龙出海。

攻略

每年四、五月份，由于江南雨水充沛，五泄瀑布尤为壮观。此间举行的观瀑节，让游客能强烈感受到五泄的美。夏季水多的时候游览是最好的。其他时候的水少，不仅瀑布毫无声势，原来有溪的地方都成了小沟，人走在峡谷里便少了很多情趣。

点赞 👍 @eyoo 沿山路往上，每经过一泄，都令人赞叹不已。而下山也另一番风韵，初次看五泄就给我留下了极其深刻的印象。

过一泄下山不多久便是东源景区了，悠长的大峡谷内，水清、林茂、清凉、幽静，清澈见底的溪流中有小螃蟹、小鱼虾悠游其中。大峡谷有一岔道，一边是三合塔，一边是一线天。

五泄风景区风光秀丽，一路旅程山水相伴，水的柔情、水的激荡、山的挺秀、山的崇峻都一览无余。一路美景相伴，或乘船悠游与江湖，或徒步慢行伴山色，或行车领略两边山色，劳逸结合，心灵与身体同时得到放松。

攻 略

交通 游遍景区不犯愁

景区内可以在游船码头乘班船或快艇到湖的另一边，也可乘画舫游湖，价格不等。

美食 饕餮一族新发现

诸暨有各种档次的饭店宾馆，从经济型到四星级，都可供游客选择。

西施豆腐是诸暨的一大招牌，品西施豆腐最好去村野小店或街头作坊，那里的西施豆腐原汁原味。当地最负盛名的还有诸暨香榧，既美味又有药用价值。

浙江深度游
Follow Me
★ ★ ★
旅行的倡导者

天一阁博物馆—月湖

私人藏书楼　城中山水

微印象

@Vivi 之前只觉得这里是一个很棒的市民活动场所，后来从月湖公园、天一阁、古建筑群故居、博物馆一路逛过去，感觉很不错，很惬意！

@都市守望者 天一阁不仅文化价值突出，园林布局也别具一格，总体显示的徽派建筑加之苏州园林的风格，假山亭阁水榭无不曲径通幽，景中景，园中园，流连忘返。出北门左转即是月湖。

门票和开放时间

门票：天一阁博物馆30元；月湖免费开放。

开放时间：天一阁博物馆5月至10月8:00—17:30；11月一次年4月8:00—17:00。月湖公园全天开放。

进入景区交通

位置：月湖位于宁波市海曙区镇明路西侧，天一阁位于月湖西岸。

交通：乘地铁1号线至西门口站，下车后步行约400米即是天一阁博物馆或乘坐地铁2号线至城隍庙站下，步行即可到达月湖公园。

景点星级

人文 ★★★★★　美丽 ★★★★　休闲 ★★★★　浪漫 ★★★　特色 ★★★　刺激 ★★

① 天一阁博物馆

　　天一阁博物馆位于宁波市内的月湖西岸，是一座以天一阁为主体、以藏书文化为特色的专题性博物馆。博物馆占地2.6万平方米，由藏书文化区、园林休闲区、陈列展览区三大功能区组成，是我国现存历史最久的藏书楼，是亚洲现存最古老的图书馆，也是世界上现存最古老的三大家族图书馆之一。

　　博物馆内坐落着我国现存最古老的私人藏书楼——天一阁。天一阁建于明嘉靖四十年至四十五年（1561—1566年）之间，原为明兵部右侍郎范钦的藏书处。现藏各类古籍近30万卷，其中珍椠善本8万余卷，尤以明代地方志和科举录最为珍贵。

　　天一阁藏书楼为一排六开间的两层木结构楼房，坐北朝南，前后开窗。楼上通六间为一大统间，中间用书橱隔开，书籍就放在橱里，正中有明隆庆五年（1571年）郡守王原相题写的"宝书楼"匾额。楼下当中三间相连，当作中堂，两旁悬挂着文人学士题写的楹联。楼中摆放着古籍与书案，处处弥漫着厚重的书香气息。

　　清康熙四年（1655年），范钦曾孙范光文又在阁前叠山理水，植树筑园。园林以"福、禄、寿"作总体造型，用海礁石堆成九狮一象等景。风物清丽，格调高雅，别具江南庭院式园林特色。

解说

　　范钦，字尧卿，号东明，明嘉靖十一年（1532年）考中进士，曾任随州知府、工部员外郎、袁州知府、兵部右侍郎等官职。范钦生平喜欢读书，更爱藏书。范钦在湖北、江西、广西、云南、陕西、河南、福建等地做官时，每到一地，都留意该地图书，悉心搜集各类典籍。范钦辞官返回故里以后，又收得故里的万卷楼、静思斋等藏书，经多年积累，蔚成大观，所藏典籍达7万余卷。

　　藏书文化区以天一阁藏书楼为核心，包括东明草堂、范氏故居、尊经阁、明州碑林、千晋斋和新建的书库。藏书楼内范家原藏书7万余卷，现尚存1.7万余卷，大部分为明代刻本和钞本，不少已是海内孤本，尤以明代地方志和科举录为特色，是研究中国古代历史、人文、风俗、天文、地理的珍贵文献。

攻略

　　想要参观古籍阅览室的游客，要注意阅览室的开放时间8:30—11:00，14:00—16:30（双休日除外）。

陈列展览区包括秦氏支祠、芙蓉洲及新建的书画馆。秦氏支祠集木雕、石雕、砖雕于一体，尤以朱金木雕为特色，是近代江南传统建筑的代表作品，也是集民间建筑工艺大成之作。陈列于秦氏支祠内的"宁波史迹"以各种陶瓷器、铜器、玉器等珍贵出土文物和地方工艺精品，向人们较系统地展示了宁波7000多年来政治、经济、社会、文化发展的历史轨迹，意义深远。

点赞 👍 @勤劳的磁感应 宁波的名片之一，宁波城市口号"港通天下，书藏古今"的书藏之处，就是天一阁，自明朝范钦大人建阁以后，历经风雨沧桑，基本完整地保存了下来，不仅仅有文化底蕴，历史故事，还有很好的园林，现在与旁边的秦氏支祠连成了一个单位，还有麻将博物馆等，出来后即可到月湖公园。

园林休闲区内修建有明池、假山、长廊、碑林、百鹅亭、凝晖堂等一系列旅游景点。这些景点布局合理、错落有致，达到了"虽有人作，宛若天下"的艺术效果，提供了一个休闲和观赏江南园林景色的场所。

点赞 👍 @韵梦淇想 天一阁是中国现存最古老的私人藏书楼，里面的小园林设计得很精巧，亭台楼阁，假山湖水，竹林一片，没有世俗的喧器，给人一种清幽的感觉。

2 月湖

月湖又称西湖，面积不大，水域有9万平方米。它开凿于唐贞观年间，原是一座蓄水池。南宋绍兴年间，广筑亭台楼阁，遍植四时花树，形成月湖上十洲胜景。

从宋代以来，月湖就是江浙地区文人墨客的聚集之地，这些文化名人为月湖积淀了浓厚的文化气息，给月湖留下了深深的文化印记。现在的月湖周边有宁波服装博物馆、银台第（官宅）博物馆、贺秘监祠等古建筑，文化气息更显浓厚。

从镇明路北门进入，便是月湖东岸宝奎巷一带。往它的西北方向走就会看到一座服装博物馆，博物馆创建于1998年，主要展示中国服装服饰文化和历史，是中国第一家服装专业博物馆。博物馆还展示了宁波红帮裁缝最近两个世纪以来成长和发展的轨迹。

沿湖绕行，在偃月堤边临近迎凤街处有一座银台第官宅博物馆。它建于清道光三年（1823年），坐北朝南，面向月湖，现中轴线上有门厅、大厅、正楼、后堂等建筑，东西两侧有厢房、书楼，占地面积约2300平方米。官宅格局规整，布置合理，用材考究，装饰有浓郁的地方风格，是宁波城区内清代中晚期官宦住宅的典型。

解说

银台第是一座保存十分完整的古代官邸，全面反映了那一时期官宦学士人家的生活环境、家居艺术和蕴含的社会性与社会关系，为游客了解中国古代官宅建筑艺术、清代家具艺术、官宦人家的生活及内在的文化价值提供了绝佳的实例。

点赞　👍 @满分一百分 银台第是一座古代官宅博物馆，留存着典型的古典装饰，喜欢家具、建筑的人可以去看一下，能够加深对中国历史的认识。

链接　月湖十洲

月湖十洲分别是湖东的竹屿、月岛和菊花洲，湖中的花屿、竹洲、柳汀和芳草洲，湖西的烟屿、雪汀和芙蓉洲。此外月湖还有三堤七桥：偃月堤、广生堤、桃花堤，湖心西桥、湖心东桥、憧憧西桥、憧憧东桥、虹桥、袭绣桥、四明桥。

月湖一度因年久未加疏浚，十洲只余四洲；新中国成立后，通过修缮，又恢复了"十洲胜景"与"三堤七桥"交织相映、美不胜收的情景。

月湖示意图

三板桥街

天一阁

银台第

中营巷张宅

鼎上楼茶馆

一竖兰园

中营巷

懒月街

芙蓉舫

菊花洲

房地产大厦

月湖

月湖公园

镇明路

岩彩画廊

知鱼亭

金蕊堂

清真寺

古木酒吧

中国建设大楼

大书院巷

曲桥

文华大厦

宁波华侨豪
生大酒店

雪汀

柳汀

柳汀街

长春路

宁波城建大楼

院士林

县学街

县学社区

宁波市
温州商会

点秋堂

桂井社区

花屿

古石坊

云石街

月湖大酒
店餐厅

月湖

月岛

杨坊故居

共肯路

松岛

揽月轩

雕塑柱

盛世花厅

月坛

拂云堂

镇明路

灵应庙

烟屿双亭

竹屿

梅园社区

风雨桥

　　除沿湖参观外，亦可乘船观赏月湖风光，登上湖中诸岛。柳汀便在柳汀街附近，岛上有贺秘监祠、佛教居士林和关帝庙。贺秘监祠在陆殿桥下，人文品味很高，是为了纪念唐朝诗人贺知章而建。现存建筑是清同治四年（1865年）重修的，坐北朝南。它共有三进，均为五开间。正殿门额题有"唐秘书监贺公祠"，祠内原有宋元明时期名人的碑刻，现在有的碑刻已迁至天一阁东园。

点赞

👍 @满分一百分 贺秘监祠是典型的古代建筑，祠内仍然还有丰富的名人碑刻文献，具有浓厚的文化气息，值得一看。

　　贺秘监祠东边是佛教居士林，风景幽雅，瑞气霭林。居士林是佛教居士们学习教理、开发智慧、弘扬教义、净化身心的活动场所。林内诸座殿宇蔚为巍峨，雕梁画栋，古朴典雅，重楼歇顶，庄严清净。碧波荡漾的"放生池"及飞檐玲珑的"水云亭"，是十分怡人的景观。

　　月湖是喧闹的城市中的一处静地，从熙攘的闹市中来到月湖，就仿佛踏入一处世外之地。看看那一池平静的湖水，心中的焦躁就会回归于平静。沿湖再走过一处处的古迹，观赏一件件的文物，心中的诸多烦扰也似随着那数百年的时光一起消逝了一般。

攻略

　　在月湖若要赏景游玩，可绕湖而行也可湖中泛舟。脚踏船半小时70元，电动船半小时90元，卖票处在茶博院门口。若想休闲静心，可在湖岸垂钓，在月岛还有月湖垂钓休闲中心。

点赞　👍 **@月到风来** 月湖是小巧、干净、安静的。月湖不大，可慢慢行走，细细品味。

攻　略

住宿　驴友力荐的住宿地

　　景点附近的住宿选择有很多，从高档的别墅酒店，到平价方便的快捷宾馆，再到特色的青年旅社，可以根据自己的喜好自行选择。

　　宁波隐逸月湖别墅酒店（宁波海曙区共青路77号）

　　宁波麻雀窝青年旅舍（宁波海曙区中山西路181号 ）

美食　饕餮一族新发现

　　要想吃到地道的宁波菜也不需要走远，在月湖之东的小城故事就能满足这一愿望。小城故事的糯米鸡翅、山药牛仔骨、海鲜泡饭、麻婆豆腐、臭豆腐、花雕鸡煲等都广受好评。位置：盛园巷32号。

　　月湖附近有一家乡村面业，它主要经营面食，特色海鲜面、炸酱面、小排面等味道都不错。位置：海曙区解放南路192号。

　　如果有时间的话还可到城隍庙逛一逛，从月湖步行只需十分钟的时间，能够品尝到很多美味小吃。

溪口—雪窦山

历史古镇　应梦名山

@大白兔 景区景点分布合理，两天刚好可以把雪窦山和溪口古镇游览完毕。雪窦山景区风景优美，静谧，值得一家同游或情侣伴游。

@十三姨 雪窦山景区自然景观比较浓郁，空气指数很好，信步上山，有一种远离尘世，回归大自然的感觉。

门票和开放时间

门票：通票260元，包括雪窦山景区和溪口古镇景区，含景区门票、交通费和观光列车及索道。

开放时间：8:00—17:00。

最佳旅游时间

溪口—雪窦山的最佳旅游时间是在每年的10月，那时正是桂花花开时节，一路上有桂花香相伴，心情也会更好。

进入景区交通

位置：宁波奉化区溪口镇。

交通：通常先到宁波，然后转乘巴士前往溪口，溪口客运站有旅游公交车往返景区。

景点星级

美丽★★★★　刺激★★★★　浪漫★★★　休闲★★★　特色★★　人文★★

溪口—雪窦山是一处融人文、自然、佛教于一体的景区，位于宁波市区的西南方向、奉化区西北方向，距宁波市区22千米，总体来说是非常理想的游览、观光、度假胜地，很受世人青睐。景区的观赏面积很大，景点众多，主要由千年古镇溪口镇、幽谷飞瀑雪窦山、平湖绿水亭下湖三个部分组成。

1 溪口镇

溪口镇的景色秀丽，四面环山，三里长街依一脉剡水溪流横贯东西。这座古镇有着千年的历史，具有很高的人文价值。

溪口文昌阁占据地理位置优势，是溪口镇上风景最优美的地方。它始建于清雍正年间，1939年毁于日军轰炸，现在的文昌阁是1989年依原样重建的。

❷ 雪窦山

雪窦山景点很多，以妙高台和千丈岩瀑布最引人瞩目，另外徐凫岩三隐潭峡谷里的瀑布群，雪窦寺以及后山的弥勒大佛都值得游览。

妙高台又名妙高峰、天柱峰，是雪窦山景区中的主要景观，妙高台海拔虽然只有396米，但它背靠大山，下临深渊，地势十分险峻。狭义的妙高台是指一块面积约350平方米的平台，站在台的前沿，可以瞭望亭下湖的自然景色。妙高台周边古树茂密、翠竹蔽日，凉风习习，是一处理想的避暑胜地。

千丈岩是雪窦山景区中一处自古驰名的胜地。它以雄奇壮观闻名，上书"千丈岩"三个大字。站在飞雪亭上观看千丈岩瀑布，水花四溅，洒如雪飞，如在晴天，阳光折射，会呈现出七色彩虹，令人叹为观止。

故事　千丈岩瀑布的传说

从木家湾看千丈岩瀑布，瀑布就如同一条真龙倒挂在岩壁。传说，道仁法师从山西赶到雪窦山战胜了巨蟒精得到蛤蟆水，救活了一条小白龙。小白龙为了报恩便化作瀑布，伴道仁法师就地修道。

溪口一雪窦山示意图

雪窦寺位于雪窦山中心，历史十分悠久，它历经五毁五建，现在的建筑是1986年重新修复的。山门内有汉代所栽的两株银杏树，左雌右雄，寺内有天王殿、大雄宝殿、弥勒殿等建筑。弥勒大佛位于雪窦寺后山的山坡上，大佛为青铜铸造，与整个岩体连成一体，宏伟壮观，是全球最高的坐姿铜制弥勒大佛造像。

三隐潭是雪窦山中三折瀑布组成的景观，分为上隐潭、中隐潭、下隐潭。上隐潭以幽险见长，瀑布循崖倾泻，流水呈线条形，哗哗作响，置身瀑下潭边桥上，雾气弥漫，水花溅衣，凉气逼人。中隐潭以清秀取胜，瀑布冲下水花随风飞溅，若雾若雨。下隐潭风光集峰、洞、潭、涧于一体，分外秀丽。

徐凫岩是雪窦山最高的一个自然瀑布，被称为"华东第一瀑布"，岩壁有"徐凫溅雪"四个大字，崖口有一块巨石外突叫作鞠猴岩，相传是仙人升天处。徐凫岩整座绝壁横向呈放射形状，竖向如刀削斧凿，十分壮观。

攻略

1.每年农历九月初九，在溪口雪窦寺会举办弥勒文化节，有佛教文化展示、梵音表演、佛教文化研讨等活动。
2.雪窦山景点很多，游览时要控制好节奏，利用好时间。徐凫岩和三隐潭景色很美，最好能够用半天的时间游玩。

❸ 亭下湖

亭下湖是剡溪上游的大型人工湖景区，面积相当于七个杭州西湖，湖沿线长42千米，湖区林茂幽深，湖内有三个岛屿和数个半岛。湖区因错综复杂的地理环境自然地形成内、外两湖和一条长5千米的小三峡。湖内有山岚水色、天光云影、岸曲岛列和景观多现的山水钟秀之美，可领略漓江美丽、三峡秀色、黄山雄奇之景致。

攻略

亭下湖现在有高坝览胜、鲶鱼卧波、绿龟探水、芳岛夏荫、三峡赏景等自然景点可供游览，在这里还可以品尝到当地出产的新鲜水果和名贵鱼类。

交通 游遍景区不犯愁

❶ 溪口镇交通：可以步行游览溪口古镇，一路欣赏遗迹；也可以乘坐三轮车，悠闲地游遍镇上的景点。

❷ 雪窦山交通：可以在溪口客运站、武岭广场、集散中心乘坐绿色旅游公交车；要游完景区可在游人中心购买观光车票，雪窦山景区内的任意绿色观光巴士都可以随意乘坐；还可以乘坐观光列车及索道，在旅游集散中心和观光列车站售票窗口买票。

住宿 驴友力荐的住宿地

溪口银凤度假村：位于奉化区溪口风景区内。度假村内河道纵横、碧水环绕，距离溪口镇约5千米，环宁波绕城高速，到宁波市区只需30分钟车程，距宁波栎社机场也只需30分钟车程，属于五星旅游饭店。

溪口国际青年旅舍（茗山旅馆）：位于溪口镇上白村村口，方便到达各个景点，环境优美，交通便利。位置：奉化区上白村玉茗小区8幢3号楼。

南苑e家宁波溪口店：位于风景别致的奉化溪口，是一所经济型酒店，内部格调高雅、环境幽雅、风格独特、布局合理、交通便捷。位置：溪口中兴东路718号。

美食 饕餮一族新发现

盛兴隆饭店：位于溪口的东大门，距溪口著名的标志性建筑武岭城门只有200米。位置：溪口武岭东路282号。

蒋家酒楼：位于溪口风景区内，距溪口主入口景点武岭门200米，是一家主营当地特色餐饮的涉旅酒店，按四季推出当地农家土菜、象山海港生猛海鲜，风味独特。位置：溪口武岭东路188号。

如果要求不高，剡溪北岸文昌阁前的空地上有不少当地人摆设的小吃摊，供应的快餐盒饭便宜又实惠，菜品有猪肉炖蛋、红烧猪脚、梅干菜烧肉等，并且汤免费、米饭不限量。

前童古镇
江南第一儒镇

微印象

@山不转水转 来到前童恰是冬日，江南小镇虽已入冬，但在朦胧烟雨下，丝毫没有冬季的萧瑟。门前小溪沿村而过，溪水中锦鲤成群嬉戏，体现了前童古镇人与自然的和谐相处。小镇美在纯粹，美在自然。

@颜小兮 一部《理发师》使这个小镇名声在外。这里是自然的原生态，安静，祥和。很多景点都有居民居住，还有一个童氏祠堂，古色古香。在逸飞影院看循环播放的《理发师》也别有情调。

门票和开放时间

门票：60元。

开放时间：8:00—16:30。

进入景区交通

位置：宁波市宁海县城西南14千米处。

交通：在宁波火车站或宁波汽车南站乘坐到宁海的中巴，在宁海总站打车到宁海西站，再转乘到前童古镇的中巴，约30分钟车程即到。

景点星级

人文 ★★★★★　　休闲 ★★★★★　　美丽 ★★★★　　特色 ★★★★　　浪漫 ★★★　　刺激 ★

❶ 前童古镇

前童古镇历史悠久，是浙东地区保存至今的一座最具儒家文化古韵的江南古镇，始建于宋末，盛于明清，至今仍保存有1300多间各式古建民居。这里是一座不凡的江南明清时期的民居原版，是一幅古韵浓重、活色生色的乡村画，一段美轮美奂的江南丝竹调。"家家有雕梁，户户有活水"，八卦水系，流水哗哗，碧水幽幽，流遍家家户户，不似水乡，胜似水乡。

当地童氏自南宋绍定年间在此定居后就勤耕好学。明初时期，童伯礼两次礼聘著名文学家、思想家方孝孺先生讲学于石镜精舍，共同奠定了诗礼名家的基础。自此，这座江南小镇遵循引水植树优化环境、耕读敦睦、训育后人的美德，历代人才辈出，形成了"小桥流水遍庭户，卵巷古院藏艺文"的古文化风范。此外，这里还是辛亥革命浙江总指挥童葆暄的故里和台束革命根据地。古镇里有保存完好的古宅和老街，民俗博物馆、鹿山、石镜山、孝女湖、柴万婴柏、徐霞客古游道等都是欣赏浙东民俗文化的好去处。

> **点赞** 👍 @you_lala 很清静悠闲的古镇，有许多老房子，也有不少老物件可以一看。因为陈逸飞的电影《理发师》在这里拍摄而有了些名气。青砖黛瓦残桓断壁渗透着耕读传家的古朴厚重，半民居的江南小镇充满田园气息，极具儒家文化古韵。

❷ 童氏宗祠

童氏宗祠建于明洪武十八年（1385年），格局为封闭的四合院。总平面布局由南向北依次为正门、戏台、天井、东西二厢及正厅。正厅仍保留了明代风格，而宗祠穿斗抬梁混合结构的木架、卧蚕型的雀替、圆鼓型的柱础、覆盆式的磉盘、五凤楼状的戏台，在中国较为罕见。这种建筑风格始于南北朝，兴盛于隋唐，因这里较为偏僻，所以明代还有所保留。它由名儒方孝孺亲自参与设计，西厢曾辟为方孝孺祠。

门口竖有2对长方形花岗石桓杆夹。祠内天井宽阔，大厅有32根大圆柱，好比32颗象棋子，隐含全局一盘棋之意。方孝孺题写的"诗礼名家"匾额高悬当中，点出了前童历史文化的深厚。厅内立有一块清道光三年的"祖训碑"，是前童先祖教育后代要"耕读传家""奉礼完课"的族训。西厢角楼的四柱呈八字形散开，上小下大，四角还有下垂的挡风板（滴水板），被专家赞为国内罕见的构造。这里是全族聚会、祭祀和庆典等活动的场所。抗日战争时期，这里还曾是六区（宁波）专属的所在地。

解说

方孝孺（1357—1402年），宁海人，字希直，一字希古，号逊志，曾以"逊志"名其书斋，因其故里旧属缑城里，故称"缑城先生"；又因在汉中府任教授时，蜀献王赐名其读书处为"正学"，亦称"正学先生"，明朝大臣、学者、文学家、散文家、思想家。建文四年（1402年）五月，燕王进京后，文武百官多见风转舵，投降燕王。方孝孺拒不投降，结果被捕下狱。后因拒绝为燕王朱棣草拟即位诏书，被朱棣杀害。

3 职思其居

职思其居建于清嘉庆年间，为清代举人童桂林三子童汝宽住宅。红条石门台上刻着"量入为出、勤俭持家"的家训。庭院为四合院二楼木结构，院内各房既有严格的老幼尊卑区划，又融融一堂，极富人情味。天井宽敞，用卵石铺砌的金钱状图案，蕴含"金钱铺地"之意。中堂中空无楼板，正壁上，当年的中举喜帖尚依稀可辨。

4 八卦街巷

江南古镇似乎总不免要和小桥流水相连。前童古镇也是小桥流水人家，却有着与众不同的景致。街径卵石铺就，屋基也大多为卵石垒成。街巷异常狭小，建筑异常密集，身处其中就如走迷宫一般。

古镇村落按"回"字九宫八卦式布局。童姓祖先按照八卦原理，把白溪水引进村庄，潺潺溪水挨户环流，村民可在溪水中洗菜净衣，家家连流水小桥，户户通卵石坦途。青藤白墙黑瓦，石头镂花窗户，雕梁画栋门楼，苍凉中显现出昔日曾经的繁华。

> **点赞** 👍 @晴天娃娃 前童古镇没有很多商业化的痕迹，仍然有很多居民在这里生活。整个古镇静谧祥和，经常会有老奶奶在家门口的溪边洗衣服等，生活感很强，节奏很慢，适合安静地逛一逛……

5 民俗博物馆

民俗博物馆原为童保暄叔父之宅，后改为粮仓，现在是第一个村级自筹资金建立的省级民俗博物馆。馆内布置了家具、服饰、灯具系列和陶罐、打火石、烟灯等日常用具500多件，展现了这一地区从古老向近现代发展的农村文明史。

攻 略

美食 饕餮一族新发现

前童的豆腐味道尤其好，口味纯正且花样繁多，甚至可以做出一顿色香味俱全的豆腐宴来。其他美食还有麦糊头、麦饼、麻糍等。

先宝豆腐坊：古镇是一家比较大的豆腐坊，豆制品都是自家手工制作的，种类繁多，简单的豆腐也能吃出这么多的花样，味道鲜嫩爽口。

前童酒家：特色菜有白切鸡、油炸小溪鱼、炒香干，价格实惠，味道纯正。地址：前童车站旁（近前童古镇）。

住宿 驴友力荐的住宿地

古镇外有大型的商务酒店，设施比较齐全，如果想体验当地的古镇生活，可以选择古镇内的民宿，环境简单，但也干净整洁。

宁海金海开元名都大酒店：酒店拥有两百多间豪华舒适的客房，高贵典雅，设施齐全，设有行政楼层，名仕阁，专为行政客人提供开元礼遇。格调典雅的中西餐厅，为游客呈现新鲜美味之旅。地址：宁海县金水路399号，近桃源北路。

宁海二十二桥民宿：坐落在江南水乡的砖木二层独门独院小居，适合静静地发呆看书，告别城市的喧器。地址：宁海县前童古镇双桥街14号。

购物 又玩又买嗨翻天

前童古镇有三宝：前童豆腐、空心腐和香干，豆制品口味鲜香，男女老少人人皆宜，还有霞客饼在当地也很出名，喜欢的朋友不妨买一些，带回去给家人品尝一下。

五龙潭

五龙潭水潭潭秀美

微印象

@就是九 去的时候是下雨天，所以游玩的人很少，雨后的空气很清新，充满泥土的气息。

@撒一片花 来到五龙潭就被它的自然风光深深吸引住了，感觉像是走进了仙境一般。

@一升武艺 据说五龙潭被神化的历史已有千年，现如今景区也打出了文化牌，观景游玩还比较不错。

门票和开放时间

门票：50元。

开放时间：夏季7:30—16:30，冬季8:00—16:00。

最佳旅游时间

五龙潭全年都可游玩，夏日飞流击石，蔚为壮观；冬日银练高挂，一派悠然。

进入景区交通

位置：宁波市鄞州区龙观乡境内。

交通：乘坐616路、638路等路公交车在五龙潭站下即可。

景点星级

美丽★★★★ 人文★★★ 休闲★★★ 刺激★★★ 浪漫★★ 特色★★

五龙潭是"宁波新十景"之一，位于宁波市西南的龙观乡，距宁波市区约35千米，是一处以自然风光为依托，以中华龙文化、浙东山乡风情、民俗民风为文化内涵，以溪流飞瀑、怪石险峰为特色的风景名胜区。

五龙潭景区面积16.17平方千米，主要特色是它的奇山秀水幽谷和浓郁的山乡风情。景区内群山环抱，峰峦挺拔，悬崖耸立，溪谷幽深，地形变化十分丰富，景区已开发的有龙潭飞瀑、青云梯、鸣凤水三个景区。

① 龙潭飞瀑景区

龙潭飞瀑景区面积6.2平方千米，主要有龙潭五井十二瀑及五龙神堂、古祭龙坛等景观。五井龙潭分别是孚泽潭、沼泽潭、润泽潭、利泽潭、显泽潭。

第一井"孚泽潭"，瀑布声势浩大，潭水澄碧，瀑布下有一人形石像，传闻此潭住有青龙，又被称为青龙潭。第二井"沼泽潭"，瀑布是从拱桥中流出的，并不壮观，显得秀气安静。第三井"润泽潭"，瀑布从崖壁飞流直下，让人眼前一亮。第四井"利泽潭"是五潭中最美的，瀑布从高处冲击而下，水沫飞溅，十分壮观。第五井"显泽潭"，它夹在巨石之间，由相连的两个潭组成，十分险峻。

宁波民间自古以来就有人认为五龙潭龙王灵验，到山上请龙求雨，祈求风调雨顺已成习俗，并留下许多民间传说。

故事 五龙潭的传说

据说东海龙王之子，因受不了兄弟姐妹的嘲弄，怄气出了水晶宫，从甬江、鄞江樟溪河而上，进入龙王溪滩支流，直奔四明山心天井山上。由于夏日炎热，晒得鳞甲生烟，因而它游一程，歇一歇，打滚潜水，于是便留下了五个龙潭，五龙潭也因此而得名。

点赞 👍 @佳菲猫 五龙潭是一个充满神话色彩的地方，一路走来既看了美景也了解了不少传说，这些传说故事为我们的旅行增加了很多神秘的色彩。

❷ 青云梯景区

青云梯景区面积4.58平方千米，由青云梯、天门二瀑和观顶湖组成，景观以雄、险、壮取胜。进入景区从升仙桥跨溪而过，升仙桥就是登天升仙的第一步。沿青云梯直上能到状元顶，青云梯有石阶2008级，垂直高差四百多米，其中青云梯的上段台阶共有1368级，登梯时如同青云直上，有"天下第一梯"之称。

天门、水门二瀑，垂直落差都很大，飞瀑直下，气势磅礴，雷霆万钧，犹如雷奔。在青云梯景区既可以看到自然景观，又有不少村落人文景观，还流传着众多的民间传说，可以回归自然山水、品味山村风光，是一处非常好的旅游胜地。

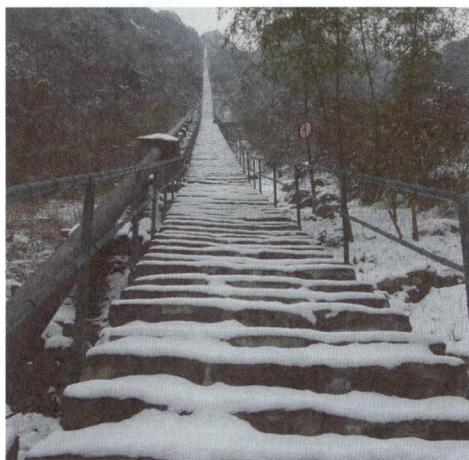

点赞 👍 @一品灶 那年一人登青云梯直上状元顶，一路风景很美，尤其考验着毅力和体力，登顶后有一种满足感，其情景至今难忘！

五龙潭示意图

❶ 龙潭飞瀑景区
石头寨 五龙神潭 秋水亭
游客中心 润泽潭
龙头岩 孚泽潭 百丈瀑
古祭坛 利泽潭 仙人洞
显泽潭 桃花岛
应麟潭 好汉迎客
龙尾瀑 太白诗壁 云海亭 聚贤亭 怡然亭
状元顶 青云梯 莲花池
观顶湖 天门瀑 荆公亭
水门瀑
🏠五龙潭大酒店 听泉亭
鸣凤桥 上曲湖 跌水水库 天圆廊
入口 下曲湖 朝晖亭
龙吟阁 觞流亭 演艺广场
❷ 青云梯景区 鸣凤水景区
入口 扶龙桥
游客活动中心 龙王溪
❸

❸ 鸣凤水景区

鸣凤水景区是新打造的一处景区，位于五龙潭景区的总入口，以水景为主，景区的主题是"龙吟凤鸣"，有很多的龙文化景观，主要有龙漫滩水景、龙归海水景、凤鸣山等。整个鸣凤水景区山衬水、水映山，山水交融，野趣丛生，植物生态群落体系丰富，能够让人们在优美神秘的传说氛围中体验大自然的魅力。

小贴士

五龙潭景区内，鸣凤水是五龙潭景区的引景和游览的起始，再往后走，才是青云梯与龙潭飞瀑。

攻略

住宿 驴友力荐的住宿地

五龙潭东升楼山庄：是舒适型度假休闲酒店，位于五龙潭景区内，依山傍水，可以远离城市的喧嚣，非常的安静。

鸿溪休闲农庄：地处五龙潭风景区内，占地50余亩，是集休闲、商务、健身、度假于一体的别墅式会所农庄。

美食 饕餮一族新发现

五龙潭农家乐饭店位于五龙潭之龙潭飞瀑景区入口处，依山环溪，环境优美，可提供当地特色农家菜、团队餐等。特色农家菜有高山蔬菜、高山野菜、山溪小鱼、小溪贝壳、农家高山鸡、高山水库鱼、农家臭腌菜等。

五龙潭景区内提供烧烤的地方，可以自带食物，也可以在景区内购买，烤炉和工具可以租用；附近有几家小酒家可以吃饭，另外一路上也有当地小吃，如烤芋艿、豆腐串等。

普陀山

人间第一清净地

微印象

@2012大大木头 普陀山四面环海，风光绮丽，岛上有千步沙海滩，适宜海边逐浪。这里还是著名的佛教圣地，有深厚的佛教文化底蕴，每年都有很多佛家的活动。

@筱梅123 这里的景色非常好，风景宜人，像进入了仙境一样，给人一种和大自然亲近的感觉，让人全身都很轻松。

门票和开放时间

门票：160元。

开放时间：6:30—22:30。

最佳旅游时间

四季皆宜，夏季7、8、9月可踏沙看海，10月可吃到最新鲜的海鲜，入秋以后是观日出东海的绝佳季节。

进入景区交通

位置：舟山市普陀区，舟山岛东部约3千米。

交通：轮渡是到普陀山的唯一交通，出发码头在朱家尖蜈蚣峙码头，普通渡船往返60元。沈家门半升洞码头也有客船前往普陀山岛。

景点星级

美丽★★★★　人文★★★★　浪漫★★★　休闲★★★　特色★★★　刺激★★

普陀山与山西五台山、四川峨眉山、安徽九华山并称为中国佛教四大名山。作为观音道场，普陀山已有千年的历史，佛教文化已经深植于这片土壤，是礼佛成圣的好去处，素有"海天佛国""南海圣境"之称。

普陀山位于东海舟山群岛中的一个小岛，南北狭长，面积约12.5平方千米。它四面环海，风光旖旎，幽幻独特，是以山美水美著称的名山，充分显示着海和山的大自然之美，山海相连，显得更加秀丽雄伟，是著名的海岛风景旅游胜地。岛上树木丰茂，古樟遍野，鸟语花香，素有"海岛植物园"之称。

❶ 紫竹林

紫竹林位于普陀山东南部的梅檀岭下，山中岩石呈紫红色，剖视可见柏树叶、竹叶状花纹，被人们称为紫竹石，后人还在此栽有紫竹，此竹林因此而得名。

据历代山志记载，后梁贞明二年（916年），日本僧人慧锷从五台山奉请观音像回国，船经普陀洋面受阻，以为菩萨不愿东去，便靠岸留下佛像，在此建"不肯去观音院"于紫竹林中，由当地居民供奉，这是为普陀开山供佛之始，之后久而久之普陀山便逐渐成为一座佛教名山。南海观音立像就坐落于观音跳山岗上，佛像采用新型仿金铜精铸，是普陀山新的人文景观，成为海天佛国的象征。

> 👍 @BG761 普陀山这么多景区里面，这个地方的风景算是最好的了，再加上那么久远的人文典故，不肯去观音院又给这里增添了几分传奇色彩。

点赞

❷ 法雨寺

法雨寺距普济寺2.8千米，整座寺庙宏大高远，气象超凡。它的寺门在东南角上，沿一条青石板路蜿蜒而上，山门主建筑为重檐方亭，有"天华法雨"匾额。寺内九龙殿中的九龙雕刻十分精致生动，殿内的九龙藻井被誉为普陀山三宝之一。

距离法雨寺不远处的千步金沙，沙面宽阔平缓，沙质柔软细净，沙滩往北有石阶向上通往望海亭。望海亭呈六角形，用太湖石砌成，是极目观海的佳地。

> 👍 @大胃王太 法雨寺是我最喜欢的寺庙之一，很幽静的环境，黄色的围墙红色的屋顶，周围是茂密的参天古树，是我心目中的佛家净地。

点赞

如果去普陀山的沙滩玩，只是踏浪看海的话最好去千步沙，不收门票。如果要游泳的话，还是去百步沙海滨浴场为好。

③ 普济禅寺

普济禅寺又叫前寺，坐落在白华山南、灵鹫峰下，是供奉观音的主刹。它是普陀山最古老的寺院，也是普陀山第一大寺院。禅寺占地面积非常大，寺内有大圆通殿、天王殿、藏经楼等建筑，"活大殿"内供奉着一尊高8.8米的毗卢观音。

多宝佛塔位于海印池南端，为五层方塔，高18米，双层塔座，三层塔身，有台无檐，全由太湖石砌成，在多宝佛塔院内还有诸多古迹、题刻。宝塔东不远处的海边就是百步沙，百步沙沙质纯净，滩形优美，夏日夜晚，海风习习，凉气袭人，是闲步乘凉的好去处。

小贴士

百步沙的海水浴场在夏季要收20元游泳门票（包括沐浴费用）。如果打算游泳的话在上岛之前最好买好毛巾、拖鞋和游泳衣裤等。

普陀山示意图

龙头山
小山洞
岗墩
海澄庵
慧济禅寺 ④
古佛洞
佛顶山
海天佛国
② 法雨寺
善财洞
杨枝庵
望海亭
梵音洞
千步沙
大乘庵
文物馆
达摩峰 ③
朝阳洞
梅福庵 普济禅寺
海滨浴场
不肯去观音院
观音洞
潮音洞
紫竹林
① 南天门
码头 短姑道头
南海观音

普陀山雄峙于烟波浩渺的海畔，形似苍龙卧海，是中国佛教四大名山之一，观音菩萨的道场。

4 佛顶山

佛顶山又名白华顶、菩萨顶，为普陀山之主山。佛顶山有几个支脉，分别向南、北、东方向伸延，主峰海拔291.3米，从远处眺望，诸峰若拱，十分神奇，可登佛顶山高踞峰顶，那里视野可望千里，是观日出的最好去处。

慧济寺位于佛顶山上，深藏在高岗林屏之中，清幽绝尘。寺院入口处有"入三摩地"四字，寺院主要殿堂布局在一条水平线上，大雄宝殿用彩色琉璃瓦盖顶，在阳光下呈现出"佛光普照"的奇景，殿内供奉着释迦牟尼佛，两边侍立着弟子阿难和迦叶。观音堂内，四壁镶嵌着123尊石刻观音像，汇聚了唐宋元明清五朝名画家的杰作。另外，佛顶山上还有海天佛国崖、云扶石、菩萨顶、鹅耳枥树、佛顶山索道等几处景点。

攻略

每逢农历二月十九、六月十九、九月十九三个观音香会期，会有来自各地的佛家弟子们拜朝佛顶山，礼敬观世音菩萨，普济寺、法雨寺、慧济寺、大乘庵等景点在这几天也会免费开放。

> **点赞** 👍 @预想的结束 佛顶山是普陀山的最高峰，景致很美，在山上的慧济寺里可以吃到很好吃的素斋。

攻 略

交通 游遍景区不犯愁

❶ 公交车：普陀山三条旅游专线车将大多数景点连接了起来，这三条专线车每隔10~15分钟一班，运营至17:00止。

❷ 缆车：游览佛顶山可以坐缆车，上下山双程缆车票价70元。

住宿 驴友力荐的住宿地

普陀山住宿地有宾馆、农家乐、寺庙，各有优劣。

宾馆除周五、周六和法定节假日前后三天以及每年九天的观音香会期外，住宿均可打折，双休日和节假日需要提前预订房间，且费用较高。宾馆大多聚集在前寺、后寺附近。评价较好的有中信普陀大酒店（普陀山金沙路22号）和普陀山大酒店（普陀山梅岑路93号）等。

农家乐主要分布在西山新村和龙湾新村。龙湾更靠海，风景会更好一点，晚上可以在海边走走。

普济寺、法雨寺、慧济寺三寺皆可投宿，从标间到床位都有，设施比较简单，价格便宜，早晚可观僧人做功课，适合入住。

美食 饕餮一族新发现

普陀山的饭店主要集中在海鲜园、前寺、后寺和南天门附近。想吃海鲜可以到海鲜园，那里集中了50多家海鲜餐馆，在海内外享有很高的声誉，吸引了不少慕名而来的游客。

中信普陀大酒店：环境好，清洁卫生，菜品味道比较好，价格相对也不贵，而且明码标价，不会上当受骗。位置：普陀山金沙路22号。

息耒小庄海鲜苑：有海鲜素食、面条炒菜等较为实惠的食物，味道也不错。位置：普陀山香华路1号。

如果有兴趣的话，也可以尝一尝普陀山寺庙里的素斋。普陀山的三大寺（普济寺、法雨寺、佛顶山慧济寺）早中晚三餐都提供素斋，价格十分便宜。

特别提示

❶ 可以自带水果、牛奶、面包、蛋糕等当早餐，岛上的早餐价格较贵且品种很少。

❷ 普陀山岛上有银行、邮局、自动取款机，出发时不必携带大量现金。

朱家尖

沙雕故乡　度假天堂

微印象

@雪狐安拉 朱家尖很不错，比想象的要好，是一个理想的度假地，海水一眼望去是青色的，有洁白宽阔的沙滩，在这里能够充分感受自然的乐趣！

@zl010702 几乎每年暑假都要来这里，晒晒太阳，吹吹海风，美美地吃上一顿海鲜大餐，到熟识的家庭旅馆住上一晚，然后带着晒红的皮肤意犹未尽地离开。

门票和开放时间

门票：进岛免费，大青山景区100元，南沙景区70元，白山景区20元，乌石塘景区40元，东沙景区35元。

开放时间：7:30—17:00。

最佳旅游时间

朱家尖是避暑、休闲的好去处，来此游玩四季皆宜，尤以每年6月至10月的旅游旺季为佳。

进入景区交通

位置：舟山市朱家尖岛。

交通：

1.公交：舟山本岛与朱家尖岛有跨海大桥相连，可在舟山市区乘坐3、27等路公交到达朱家尖大洞岙汽车站。

2.飞机：朱家尖岛上的普陀山机场已开通至北京、上海、厦门、福州、大连、烟台等多条航班。

景点星级

美丽 ★★★★　　浪漫 ★★★★　　休闲 ★★★★　　特色 ★★★　　刺激 ★★　　人文 ★★

　　朱家尖全岛面积72平方千米，距"海天佛国"普陀山约2.5千米，是舟山群岛核心旅游区"普陀金三角"的重要组成部分。

　　朱家尖岛自然景观独特，旅游资源丰富，风光秀丽。岛上金沙连绵、奇石峻拔、森林广布、潮音不绝，以其纯朴绮丽的海岛风光和浓郁的海洋文化让人留恋。景区主要有国际沙雕艺术广场（南沙）、朱家尖观音文化苑（白山）、乌石塘、情人岛、里沙等景点。

❶ 沙雕艺术广场

　　沙雕艺术广场位于南沙，整个广场分为广场入口、中心演艺广场、沙雕作品展览区、松林休闲区和购物区。每年的中国舟山国际沙雕节就在朱家尖南沙这片美丽的沙滩上举行，沙滩上还保留着各种精美的沙雕作品，展现着朱家尖神奇独特的魅力。

　　朱家尖沙景中，东沙、南沙、千沙、里沙和青沙五大沙滩最好，号称"十里金沙"。千沙时尚浪漫，里沙典雅灵秀，青沙恬静悠然，三沙毗连，拱卫着无垠碧海，徜徉其中，便能感受到朱家尖独特之美。这里的沙滩面积十分辽阔，各个沙滩的尽头相接处，都有岬角相拥，独立成景，滩岸绿林环抱，滩前碧波万顷，滩面金黄开阔，景色蔚为壮观。

攻略

　　中国舟山国际沙雕艺术节在每年的7月至11月会在朱家尖举行，朱家尖海洋科技馆也连续几年举行了中国（舟山）国际渔业博览会。在广场上还有个小馆，里面可以自己动手做小沙雕作品。南沙海滨浴场有水上摩托艇、冲浪、帆板、沙滩排球等活动项目。

点赞 👍 @复古文艺 广场门口的大美人鱼沙雕很漂亮，很形象，进去后沿路两边也有各类沙雕，像"子孙满堂"之类的，都很棒！再往前走有块圆形的空地，拍照超赞的，如果能捕捉到白鸽起飞的瞬间就更美了！

2 乌石砾滩

乌石砾滩长500米，宽100米，高5米，滩上不是细细的白沙，而是一颗颗光滑乌亮的鹅卵石，这么多的乌石堆积成蔚为壮观的乌石砾滩，这是大自然的神来之笔。在月夜，可以听到潮音与石块的摩擦声相互回应，乌石听潮是乌石砾滩的一绝。

乌石塘水上乐园是一座融趣味、智力、挑战于一体的水上竞技、游乐场所，适宜开展户外休闲体育运动。水上乐园主要有大啤酒滚桶、五级荡绳飞渡等大小二十余个项目。为了适合成人和少儿的游玩，设有深水区和浅水区，还可以在泥鳅河里尽情嬉戏，享受一番儿时在乡村田间捉泥鳅的乐趣。

小贴士

在乌石塘有游客参与的活动，可以体验一下渔夫出海的活动，这儿的沙地西瓜也非常好吃。

3 观音文化苑

观音文化苑（白山景区）位于朱家尖岛的北部，这里有着丰富的自然景观和人文景观，并且与"海天佛国"普陀山隔海相望。入苑抬头可仰望千丈崖壁上的彩绘观音像，感觉就像进入了充满佛国气氛的神殿。景点内秀山灵石、姿态万千、大气磅礴，可倍感"海上莫高窟"的雄伟、庄严。

小贴士

情人岛和东沙是观日出的好地方，情人岛距离南沙仅150米，步行即可。

4 情人岛

情人岛位于朱家尖岛的东南面，南沙与东沙之间，岛呈长形，西北东南向，长千余米，从高处俯瞰，是一个"人"字形半岛。退潮时可涉足通过，如今在情人岛与朱家尖之间有座悬索桥，可以不必候潮就能够过去游览，走在悬索桥上，可以看到桥下潮流滚滚，别有一番趣味。情人岛上有众多崖、洞遍布的岬角和台地，崖壁陡峻，洞穴深幽，景致很美。

5 大青山国家公园

大青山景区三面临海，岗峦依海起势，峰峦绵亘十余里，有众多的灵岩奇石，以其特有的"山奇、石怪、滩美"风景资源而闻名。主要景点有莲花峰、喷水洞、碧云庵遗址、打鼓岭（抗倭石堡遗址）、安期洞、石门头、青山角和西峰岛。

青山峰是朱家尖的最高峰，登临其上，身在青山醉雾缭绕中，如临仙境。在大青山国家公园可以"观千岛海景，看青山醉雾；玩十里金沙，揽海岛峭壁"。大青山有海蚀崖、海蚀台地、海蚀沟壑、海蚀岬角等各种海蚀地貌，峭壁公园的里柱弄海沟最为奇险，有一条约百米长的索桥凌空横亘海沟之上，可以亲身感受到这份景致。

点赞 👍 @杰夫一代 大青山国家公园，一面是山，一面是海。海水很奇怪，在靠近海滩的一片，竟然与周边岛屿不同，是蓝色的，加上绵延的沙滩，有了几分三亚的感觉。开车在盘山公路上时，可以慢慢欣赏沿路的风景。

小贴士

在大青山国家公园有一处原生态渔村——中国筲箕湾渔村，这里依托渔家开发的渔家乐，供往来游客餐饮住宿，可体验"耕海牧渔"的别样人生。

朱家尖示意图

普陀山

港街道
🅂 欧尚超市
中瀚大酒店

朱家尖海峡大桥

蜈蚣峙客运码头

舟山旅游集散中心

舟山海洋科技馆
舟山特产城 🅂

办升洞客运码头

舟山普陀山机场

印象普陀剧场
观音文化苑

田园阳光农庄

大沙里

中国佛学院教育学院

樟州沙

3

2
乌石砾滩

渔家客栈
普陀国际游艇会

丽景海湾大酒店
海鲜夜排档

樟州湾

庙根大山

庙跟水库

阿德哥休闲渔庄

五沙彩丘

西岙码头

南沙农家乐
游客中心

东沙

海天台宾馆
金沙度假村

南沙

沙雕艺术广场

情人岛
4

1
游人中心

里沙生态园
里沙

大青山国家公园
5

青山岗

筲箕湾

南雁岭

龙坑头 彭安

若槽

青山峰

平头山

西峰岛

峭壁公园

猫跳

129

攻略

住宿 驴友力荐的住宿地

金沙度假村：是一座海边的酒店，靠近南沙海滩。位置：舟山市普陀区朱家尖南沙度假村路。

普陀一佳精品度假公寓：位于朱家尖景区，与海天佛国普陀山隔海相望。如果有兴致，还可以亲自下厨探索一下当地的食材。

乌石塘东海渔嫂（渔家乐）：渔家乐距离南沙海滨浴场、蜈蚣屿码头仅10分钟左右车程，依山傍海，周边环境幽雅静谧，空气清新宜人。位置：普陀区朱家尖镇樟州村里湾路9号、48号。

美食 饕餮一族新发现

朱家尖美食城是岛上美味集中地，位于城区金沙大道东侧，在这里可品尝到各种各样的海产品。晚上美食城热闹非凡的海鲜夜排档，更是吸引天南地北的游客，共设20多个摊位，还可体验朱家尖特有的烧烤。

南沙浴场正门旺季也有夜排档，这里海产的新鲜度有一定保障。如果住渔民家，可将买来的海鲜让其代为加工，味道一样鲜美，花费又少。若有雅趣，也可自捕自摘自钓自煮，三五成群，必定更加有趣。

特别提示

❶ 由于朱家尖位于海上，在每年台风季节，朱家尖旅游多会受到影响，所以出发前一定要注意收听天气预报。

❷ 在朱家尖吃海鲜，价格并不便宜，而且需要注意海鲜的分量。

朱家尖海滨

横店影视城

双龙风景区

方岩

廿八都古镇

江郎山

孔氏南宗家庙

天脊龙门

横店影视城

中国规模最大的影视体验主题公园

微印象

@清水奕栈 非常好玩的一个地方，会发现很多电视剧在此地的拍摄场景。建议多些朋友一起去，可以去借些古代的服装穿越一下，感受走在路上回头率百分百的自信。

@246800wxc 气势宏伟磅礴的秦皇宫，的确有君临天下的感觉；繁华似锦、歌舞升平的清明上河图，浮华已成浮云；此外还有明清民居博览城等，非常不错，下次有机会再来玩。

门票和开放时间

门票：各景点门票95~275元不等，多景点联票更实惠，官网预定亦有优惠。

开放时间：8:00—17:00。梦幻谷景区每天16:00开始营业。

最佳旅游时间

四季皆可，以春秋季气候最适宜，八九月份要注意避开台风天气。

进入景区交通

位置：金华东阳市横店镇。

交通：东阳汽车西站、东站均有专车至横店（每隔10分钟一班，车程约20分钟）。也可从东阳乘坐出租车，约15分钟车程。从金华、义乌可乘轻轨至明清宫站。杭州、上海有直达横店的班车。

景点星级

美丽★★★★　人文★★★★★　刺激★★★★　特色★★★　浪漫★★　休闲★★★★

　　横店被誉为"江南第一镇"，横店影视城是目前亚洲最大的影视拍摄基地，前往横店将会亲眼看到影视剧的拍摄流程和演员的工作场景。

　　横店影视城现已建成秦王宫、广州街—香港街、清明上河图、明清宫苑、梦幻谷、梦泉谷温泉度假区、梦外滩度假区、屏岩洞府、新圆明园（春苑）、新长春园（夏苑）等十大景区。在这里，你可以穿越几千年历史时空，感受各类影视拍摄场景，观赏20场大型演艺秀。

❶ 秦王宫

　　秦王宫景区仿建的原型是秦王朝最主要的宫殿——咸阳宫。景区占地800亩，以规模巨大、形体复杂、布局严谨而著称。景区内各类宫殿都十分雄伟壮观，徜徉其中，便如同真的置身于阿房宫中，主宫是"四海归一殿"，威严矗立，高耸挺拔，具有磅礴恢宏的气势，此外还有秦汉风貌的汉街、黄尘古道等景观。

　　秦王宫景区是1997年为拍摄历史巨片《荆轲刺秦王》而建，巍峨的宫殿、雄伟的城墙、黄尘古道等建筑都非常有气势。在这里曾经拍摄了多部影视作品，流连其中，还能找到许多曾在影视剧中见过的熟悉的影子。

攻略

　　在夏季游览秦王宫，还会有沁凉之感。秦王宫有很多清凉设施，众多的喷雾装置，不仅能够消暑降温，还让人有如临仙境之感。景区内还备有清爽甘甜的凉茶，可免费品尝。

　　秦王宫每天还有表演，"秦王迎宾"每天8:00在中宫门开始，雨、雪天停演。另外，还有东偏殿的"英雄比剑"、西望楼的"梦回秦汉"等。

② 广州街—香港街

小贴士

广州街—香港街的节目有大话飞鸿（粤海剧场）、怒海争风（维多利亚港）、魔幻风情（伊丽莎白剧场）等。

　　广州街和香港街再现了19世纪初广州、香港的街市风情，这边羊城街古朴旧味，那边香港街洋气嬉皮。广州、香港在横店相偎相依、接壤而处。

　　广州街景区是为配合谢晋导演拍摄历史巨片《鸦片战争》而建，是横店影视城的发祥地。广州街美景簇拥，古道纵横交错，珠江穿城而过，有艺术地重建的"19世纪南粤广州城市街景"；代表"珠江"及"广州市内小河"的人工湖泊；还有重现当年的"十三夷馆"和"天字码头"等景观。香港街整个布局利用荒野坡地优势设计，分布着皇后大道、香港总督府、维多利亚兵营、汇丰银行、上海公馆和翰园等19世纪香港中心城区的众多街景。

③ 清明上河园

　　清明上河园是以《清明上河图》为蓝本，结合北宋的时代特征，取其神韵，按影视拍摄的需要建造而成的，占地面积600余亩。景区内可以看到宋代宅院、大小街衢、桥梁、码头、牌坊及不计其数的石狮、石墩、石马、石碑，当然还有亭台楼阁、轩廊水榭装点其中。画舫美丽精致，牌坊高耸林立，花卉争奇斗艳。登上巍峨的景门城楼，近可俯瞰基地全貌，远可眺望整个横店城。风光旖旎独特，细细品味，妙趣横生。

攻略

　　景区内有武松救哥嫂（商业街）、汴梁一梦（开封府剧场）、笑破天门阵（点将台）、游龙戏凤等表演。所有节目演出时间到点等候五分钟后无游客，当场节目停演。在景区内还有快乐水门、水月飞瀑等参与性较强的玩水项目。

点赞　👍 @大头 清明上河园再现了古时繁华的街景，十分形象，景色很美。

④ 明清宫苑

　　明清宫苑是以北京故宫为模板按1∶1比例建成的，占地1500亩，是横店影视城占地面积最大的景区，也是众多明清皇宫戏的拍摄地。

　　明清宫苑不仅有金碧辉煌的帝王宫殿、浑然天成的花园湖泊、富丽堂皇的龙阙凤檐、气势恢宏的皇宫广场，还真实再现了多个历史时期燕京的官府民居、街市店铺和宫殿风貌。景区内还建造了棋盘街、承天门广场、千步廊、文武台、金水河、玉带桥等许多历史景观，以富丽堂皇的金銮宝殿、古香古色的游廊轩阁、独具匠心的设计建造、博大精深的文化内涵吸引着全国各地的游客和剧组，已成为深宫探幽、寻古访旧、观赏千年古都的好去处。

攻略

在明清宫苑一年有两次明星见面会，每周日举行一期剧组见面会和"明星VS游客"现场秀。此外，这里每天还会有几次演出："百官朝拜"在午门剧场，演出时间到点等候五分钟后若无游客，当场节目停演；"八旗马战"在演武场，雨雪天停演；"清宫秘戏"在湖广会馆。

⑤ 梦幻谷

梦幻谷包括梦文化村、江南水乡、水世界、儿童梦工厂、梦幻海豚湾等五大区域，是一个以展示火山爆发、暴雨山洪等各种自然现象及自然风貌为主，并配以各种游乐设施和演艺活动的大型夜间影视体验主题公园。景区内两大主打节目"梦幻太极"和"暴雨山洪"，都非常震撼。

"梦文化村"主要包括今夜星河广场、人猿之家、鹰王神瀑、远古行宫等；"江南水乡"集江浙水乡之精华而营造，生动地展示了清末民初时期江南水乡的民生百态和万种风情；"水世界"分为一千零一夜戏水区、地中海海浪区、土耳其古城区、飓风湾探险区，拥有许多大型水上游乐设备，可以在这里游泳、冲浪，玩各种惊险刺激的水上项目。

攻略

每天18:00—20:30在江南水乡有"江南遗韵古乐"表演。两大主打节目"梦幻太极"和"暴雨山洪"分别在20:00和19:00在梦幻太极舞台和暴雨山洪舞台展开。若遇周末或节日游客众多的情况，景区将增加演出场次，并更改节目演出时间，具体表演时间以游览当天景区的加演告示为准。

点赞 👍 @哦买噶哦买噶 梦幻谷是去横店绝对不能错过的景点，晚上有精力的话值得去玩，"梦幻太极"演出很震撼，值得一看，除了演出还有不少游乐项目也是免费的。

记號墨筆料

恒裕

雅杭專
聯扇辦

和洋衣

華麗時裝公司

廣和源名洋燕

碩鈺

泰豆

横店影视城是中国最大的影视拍摄基地，这里每天都演绎着不同的故事。

順德號爆竹洋紙

明興洋酒總代理

中外新聞報

交通 游遍景区不犯愁

1 公交：横店影视城各景区之间设有旅游公交专线车来往接送，如果入住横店影视城指定合作的相关酒店，还有免费班车可以前往各景区。

2 人力三轮：在景区内可乘坐人力三轮车，悠闲地逛景点。

3 自行车：可租自行车游览横店影视城，租车价根据租车时间的长短不等。

住宿 驴友力荐的住宿地

横店景区的住宿主要集中在横店镇附近，接待能力较强。住在这里生活方便，到各个分散的景点可乘坐公交或者三轮车。

国贸大厦：是一家四星级酒店，坐落在交通便利的横店康庄南路，距各大景区路程5分钟左右。国贸大厦高18层，拥有各类客房，酒店内有中西名菜、杭帮菜、金华本地菜，还有具有浙江地方特色的美味佳肴。

颐玥艺术轻居酒店：位于横店影视城长征路，与秦王宫、梦幻谷、清明上河图为邻，交通便利。

除星级酒店外，横店价格实惠的私人旅馆也比较多，能够满足大多数人的需求，性价比高，不过要记得砍价。旅游旺季游客较多，酒店旅馆的价格也会上浮，最好提前预订住宿。

美食 饕餮一族新发现

珠江渔村坐落在广州街—香港街景区里的珠江边上，主营以鱼为原料的渔家菜肴。特色菜肴有烤鱼系列、珠江渔香、风情烩双肚、霸王鱼头和生态鱼系列等。

双龙风景区

大仙圣地　浙中凉都

微印象

@豆芽菜　夏天是去双龙洞最好的季节，进到里面简直就到了天然的空调房里，十分舒爽。印象最深的是经过某一个洞穴时，竟然冷到发抖，实在是好惊奇啊。

@春天　听说石钟乳一百年才能长一厘米，这样算下来，双龙洞里最小的石钟乳也有上千年的历史了，走着走着，不小心头上还会有水滴下来。

门票和开放时间

门票：80元，包括双龙洞、冰壶洞、黄大仙祖宫等景点。

开放时间：夏季7:40—17:20；冬季8:10—16:50。

最佳旅游时间

双龙风景区四季各有特色，全年皆宜游玩：春季山花烂漫，春茶初发；夏季润泉冰洁，幽洞清凉；秋季漫山色彩，山苍水溪；冬季万树银花，清静雅然。

进入景区交通

位置：金华市婺城区洞前村。

交通：在金华市区乘坐Y3、Y5公交或BRT1路快速公交可到达景区。

景点星级

特色★★★★　美丽★★★　休闲★★★　人文★★★　浪漫★★　刺激★★

双龙风景区位于金华市北郊，风景区的海拔在500~1312米之间，具有山岳森林、地下悬河、岩溶奇观、赤松祖庭等景观。景区可分为双龙洞、黄大仙、大盘天、优游园、仙鹤妍、尖峰山等六大景区，其中以闻名中外的双龙洞为整个景区的核心。

双龙洞所在的金华山不仅自然景观奇特秀丽，其底蕴丰厚的文化也非常值得称赞，这里的儒、释、道三教文化积淀都非常深厚。另外，在双龙风景区还流传着诸多神话故事。

1 金华观

金华观俗称黄大仙观，相传为道仙赤松子羽化之地，殿内供奉的就是黄大仙神像，历代香火都十分鼎盛。在金华观旁有黄大仙在金华山牧羊时叱石成羊的石羊群，老羊驮着顽皮的小羊羔，羊羔跪乳，两羊斗角，十分鲜活。黄大仙神像正对的白马峰，据传是黄大仙梦中白马幻化而成的。

> 点赞 👍 @鸽声嘹亮 整座金华观充满了传奇色彩，从黄大仙登真到金华观的落成，种种传说都十分吸引人，不必看景心先沉醉。

故事 黄大仙的传说

黄大仙，名初平，因在赤松山修炼成仙，故又号赤松子，晋成帝咸和三年（328年）八月十三日生于现中国浙江省，原是当地的一名小孩，8岁开始牧羊，15岁时在山中遇神仙广成子，广成子见他聪颖善良忠厚，于是带他到金华赤松山石室洞中学道。从此初平绝弃尘世追求，潜心修行，积世累功逾40年，终修得正果，后世称他为黄大仙，是著名的道教神仙。

2 桃源洞

桃源洞位于双龙洞西北不远处，入口的石壁上有"桃源洞"三个苍劲有力的大字。洞体迂回曲折，有梦仙厅、丹光厅、赤松厅三个石厅和两个耳洞。整个洞体如一个硕大的倒悬葫芦，分上、中、下三宫，洞中石笋悬空、石乳晶莹，布列着琳琅满目的奇岩怪石和如帐似幔的钟乳石造型。在桃源洞内有"佛手长廊""丹光夜照"等十多处景观。

点赞 👍 @苦行僧 桃源洞中景观有很多，洞内曲折回旋，加上各色灯光的照映，给人一种扑朔迷离之感。

3 双龙洞—冰壶洞

双龙洞位于双龙洞景区中心，由内洞、外洞及耳洞组成，洞口轩朗，两侧分悬的钟乳石酷似龙头，故名"双龙洞"。外洞宽敞，面积1200平方米，洞内陈放着一排排石桌、石椅，可容千人驻足，洞壁有众多摩崖石刻。内外洞之间有巨大的屏石横亘相隔，仅有狭窄的地下河相通，要想进入内洞，只能屏息平躺进小船，进入内洞就宛如置身仙境龙宫。内洞面积比外洞还要大，洞内有钟乳石、石笋、石幔、石柱、石钟。

冰壶洞洞口朝天，垂直而下，从洞底登至洞口有石阶260余级。进入冰壶即见到一挂极高的瀑布，从洞顶右侧石隙中飞喷而出，其势雄伟无比常年奔流不息。冰壶洞分为上下两层，进入下洞便可看到"雷峰塔""观音井""仙牛角"等景观。冰壶洞内有钟乳石群，"鲤鱼跳龙门"惟妙惟肖，仅能够看到鲤鱼的尾部以及鱼鳍，据说鱼头已跳过龙门，化身为双龙洞中的两条龙之一；"送子观音"如同一尊慈祥安静的观音像，怀中抱着一个酣睡的孩童。

故事 双龙洞的传说

关于双龙洞一直流传着这样一个传说：据说古代婺州连年大旱，民不聊生，青龙和黄龙得知后，偷来天池水，拯救了百姓，却因触犯天条被王母娘娘用巨石压住脖颈，困在双龙内洞，但双龙仍顽强地仰头吐水，清澈泉水至今潺潺不绝，双龙洞也因此而得名。

双龙洞示意图

👍 @楚秀罗衣 双龙洞在夏季的时候去是最有感觉的，从山外进入洞中，阵阵清风袭来，清泉小道，洞外的闷热感顿时离去，是避暑的最佳去处。

👍 @屋顶上的 里面很宽敞，去的时候适逢下雪，使得水量充足，看起来很有气势。洞内十分狭窄，节假日行走不便。

④ 朝真洞—仙瀑洞

朝真洞又名真人洞，相传为黄大仙修炼得道处。洞体曲折深长，崎岖高旷，仿佛一巨大石拱桥洞，由主洞与两个小支洞组成。主洞内有"石棋盘"和"天池"，相传为当年仙人用水与弈棋之处。洞顶有一罕见大石梁，长达数丈，上有无数千奇百怪的钟乳石，纵横交错，侧垂悬挂，极为壮观。

仙瀑洞位于朝真洞东侧，洞中的瀑布，落差达73米，堪称世界上落差最大的溶洞瀑布，具有"仙""奇""飘"的特点。传说，仙瀑洞是古代黄大仙暗引鹿田一带村民到此逃避世役兵灾的地方，宽大的洞体足以容纳附近所有百姓，洞口隐蔽，凡人难获。洞内暗瀑迭起，景观妙绝，其中更有两块钟乳石极像一龙一虎，民间称该洞为龙虎洞，洞内还有两根擎天石柱，蔚为壮观。

👍 @妮可 仙瀑洞中的瀑布就像玉珠一般从黑暗的天际洒落，整个溶洞不仅有黄龙洞的磅礴大气，也有瑶琳仙境般的俊秀，是值得一去的景点。

攻略

前往仙瀑洞洞口的山路十分险要，90度急转弯的路口就有好几个，建议换乘当地小面包上去，会比较安全，还能省不少时间。到了洞口售票处，还需爬5分钟山路才能到洞口，到了洞口便能鸟瞰整个金华北山风光。整个游程大约需要40分钟，一路上充满惊险。

⑤ 黄大仙祖宫

黄大仙祖宫坐落于风景秀丽的鹿田湖东侧，坐北朝南，倚山望湖，海拔562.8米，湖畔常有云山雾海，蔚为壮观，呈现道教特有的神秘气氛。整个祖宫呈七进阶布局，照壁南面刻有黄大仙得道升天传说的浮雕，照壁北面刻着赤松仙师自序，照壁对面的石牌楼全部用石板砌成，结构精巧，错落有致。祭坛是祖宫内宗教法事活动的主要场所，大殿为道教典型的歇山顶重檐结构，气势宏伟，殿内有黄大仙神像座坛。

解说

黄大仙祖宫有三奇：一是雨奇，在1996年开光时，居然晴空鸣雷，宫天降雨，开光毕又晴空万里，阳光普照；二是音奇，宫前祭坛，人至对语，音韵和鸣，谓之"天音"；三是签奇，自宫开光朝圣以来，从未见好运者得下签，滞运者得上签，叠叠世事，事无巨细，直指要害。

👍 @大头 我去过两次，山上云雾缭绕。在祖宫门口有人会推销香烛，还兼做导游，可以还价。

攻略

交通 游遍景区不犯愁

游客进去景区购票后可步行或乘坐旅游观光车旅游景点，观光车线路：仙瀑洞—黄大仙祖宫—朝真洞—双龙洞—桃源洞—二仙洞。车票全程40元，半程20元。

住宿 驴友力荐的住宿地

到双龙风景区旅游可以住在金华市或兰溪市，市里面宾馆众多，住宿较为方便。另外，也可以住在景区内，主要有以下几家住宿去处：

途窝假日酒店：位于双龙风景区洞前村，与著名景点"双龙洞"仅百米之遥，林木葱郁，环境幽静，空气清新。

木木山居民宿：位于金华北山双龙洞风景区鹿田村，作为明清贡品"婺城举岩茶"的原产地，采茶、品茗等优雅的活动更是让人回味无穷。

望湖度假村：坐落在双龙风景旅游区鹿田水库北侧，是集旅游、度假、休闲、会议培训、娱乐为一体的理想场所。

美食 饕餮一族新发现

楼弘土菜馆：饭馆位于双龙风景区鹿田村，主要经营特色土菜，菜品新鲜，味道鲜美。

银杏园饭店：位于景区黄大仙祖宫边，主要经营当地的农家菜。

特别提示

❶ 景区景点间乘车除黄色面包车为公共交通外，其他均为私车。

❷ 由于景区景点比较分散，有时会遇到有人让你去道观求签拜仙的情况，此时最好拒绝，以免上当受骗。如果需要导游服务，一定要找正规的导游。

方岩

丹霞胜景　山水奇葩

@小白菜 春天满山的杜鹃很吸引人，初秋寿山坑的景色非常好，人工的卵石路上会飘下花雨，这是一种鹅黄的小花，走在其中，有一种很奇妙的感觉。

@山鹰 "山不在高，有仙则名"，方岩只有384米，却因为供奉着胡公而闻名。这里不仅有诸多美景，也散发着浓厚的文化气息。

门票和开放时间

门票：65元。

开放时间：8:30—18:00。

最佳旅游时间

方岩景区全年皆可游玩，以春季和秋季最佳，这两个季节气候适宜，山、水、林互相映衬，色彩斑斓。

进入景区交通

位置：金华永康市方岩镇橙麓村。

交通：永康市汽车新客站有专线中巴到方岩景区。

景点星级

美丽★★★★　人文★★★★　特色★★★　休闲★★★　刺激★★　浪漫★★

方岩风景区位于浙江省中部，金衢盆地东缘，属丹霞地貌。景区以山岩奇特、风景秀丽著称，有"人间仙境"之称。因其山体平地拔起，四面如削，直耸云天，峻险非凡，远望如城堡方山，所以叫作方岩。

方岩风景区内不仅有峰、洞、谷、瀑、溪、湖，同时还有丰富的历史文化和革命史迹。方岩是观赏丹霞地貌、朝观古圣先贤的著名旅游胜地。它拥有惊心动魄的险峰绝壁、鬼斧神工的天然石雕群、星罗棋布的洞府石室、异彩纷呈的飞瀑平湖；人文景观有享誉江南的地方神胡公大帝、独树一帜的南宋永康学派的发祥地五峰书院。

① 五峰景区

从方岩西面穿过寿山门，就可见到寿山五峰，依次为鸡鸣峰、桃花峰、覆釜峰、瀑布峰、固厚峰。五峰景区幽静舒适，空气清新，还曾经汇集了诸多的文人墨客。

五峰书院在五峰景区的寿山石室，建于明朝，五峰书院建筑坐北朝南，三开间，略呈方形，屋高二层，屋内有圆柱18根，柱础造型系明代风格。书院久经沧桑，因洞造屋，建筑十分牢固。经过了数百年的兴衰，如今的书院还较好地保留了明代建筑的法式和覆崖为顶的石洞建筑风格。丽泽祠创建于明代正德年间，是一座构筑在天然石洞中的建筑。学易斋位于丽泽祠西侧，其建筑面积要比丽泽祠、五峰书院小。

> **点赞** 👍 @艾丽萨 五峰的景色很美，这里的建筑形式十分别致，而且保留着古代建筑的特点，古香古色，十分有感觉。

② 方岩山

方岩山是方岩景区的中心景观，四壁如削，形若方城，是大自然鬼斧神工的杰作。从方岩南麓上山到山腰处便能够看到罗汉洞，罗汉洞是依山而筑的楼阁。从罗汉洞往上，登梯过飞桥便能看见天门，登上天门，看四下之景，会觉得犹如身在仙境。经过天街不远即至广慈寺。寺内有胡公殿，山顶尚有千人坑等诸多胜迹。方岩上最为著名的就是胡公祠，祠内供着的胡公大帝，由宋代名臣胡则死后慢慢神化而来，其威名远扬，声振江南。

攻略

方岩庙会是永康城乡民众为纪念胡公而兴起的朝拜活动。每年从农历八月初一至九月底结束，历时两个月。庙会初始于宋宣和年间，至今已有千年历史，是永康重要的非物质文化遗产。方岩庙会俗称"迎案"，迎案的队伍很庞大，除胡公神座及其卤簿仪仗外，主要由"技击揭旗"的罗汉班和"衣彩吹唱"的娱神队组成。

3 南岩景区

从方岩上天门往南过天桥便是南岩景区。南岩又名胡公山，相传胡公就是从这里飞升成仙的。南岩孤峰独立，上有因洞成寺的福善禅寺。南岩以北是起伏的山陵，眺目远望，景色十分优美。胡公文化城就处在这片秀景之中，在这里能够看到威灵显赫的胡公头像、胡公刻印的金刚经照壁、写满名家佳句的胡公诗廊等。

方岩示意图

至东阳、义乌
世雅

方岩牌坊
停车场
景区入口

烈士纪念馆
刘英烈士陵园

至永康市区

停车场

橙廊

五云洞天
方岩山庄 五峰桥

外岩孔

方岩风景区经营管理公司

固厚峰
五峰宾馆
寿山门 金鼓洞

岩下

珍珠瀑布
五峰书院
龙湫飞瀑
瀑布峰
天凉亭
覆釜峰

五峰景区 ①

鸡鸣桥 云园

方岩景区

听泉楼
藏经楼
胡公祠 ②

双洞桥

岩上

蝙蝠洞 广慈寺
枕流亭 桃花峰 地藏殿
鸡鸣峰

天街
天门 下马泉 赫灵广场

南岩景区 ③

天桥
步云亭
罗汉古洞

胡公会馆
索道站
西村

圆梦塔
胡公文化广场

小镜湖

羊角天 石钟
石鼓寮景区 ⑤

望湖亭
千手观音

蝙蝠洞
竹林寺 ④

井头

岩后

石门迎客
地藏殿
大雄宝殿

灵岩景区

游船码头

至丽水、温州

灵 山 湖

仙岩听瀑

攻略

在民俗广场有滚动表演的庙会节目，不必等到庙会就能看到精彩的民俗表演。

点赞 👍 @花前月下 南岩是一处较新的景区，带着新娘的娇羞，静静地展示着她的美丽。

④ 灵岩景区

灵岩有十大景致：石门迎客、飞龙井泉、伏虎听经、洞天日月、地钟余韵、碧霭祥云、石螺灵石、九曲流声、将军镇北和灵龟献瑞。灵岩洞中的福善禅寺，始建于后唐长兴四年（933年），洞内建有"天王殿""大雄宝殿""观音堂""地藏殿"，右侧"观音阁"塑有四面向千手观音的大佛。洞内原有"正学书院"，是诸多名家讲经说法、著书立说的地方，人文景观十分丰富。

> **点赞** 👍 @枫林画晚 灵岩距方岩三千米，山麓是碧波荡漾的灵山湖，山上的"天下第一府"南北相通，豁如广厦，冬暖夏凉，实属天然避暑胜地。

⑤ 石鼓寮景区

石鼓寮景区是一个山清水秀、石怪峰奇、极具田园风光的景区，石鼓寮景区内洞、溪、泉、瀑、石俱全，且山石峥嵘，绝壁丹霞，蔚为壮观。人文景观中有德清寺、卧佛寺等，都是占洞而建，依覆崖为顶，不施椽瓦，是独特的石洞寺庙建筑群。

德清寺建在高敞轩豁的大石洞中，要走到洞口才可看见寺院。德清寺两边有终年不断的飞珠瀑布，两侧悬崖上有两股瀑布，就是著名的鸳鸯瀑。走在通往金锣寺的台阶上，可见石狮、石象、石鼓、石钟，宛若置身于石林世界。石鼓寮影视城是《天龙八部》剧组在全国仅有的两个规模较大的拍摄基地影视城之一。

> **点赞** 👍 @天水蓝 景色秀美，来到这里会看到不少熟悉的景色，诸多影视剧的美景都是在这里取景的。

攻 略

住宿 驴友力荐的住宿地

方岩景区距离永康市区不远，到方岩景区游览可以返回永康市内住宿，永康市住宿的地方较多，且交通方便。

永康紫微明珠大酒店：酒店环境优雅，地处九铃大道，毗邻火车站、长途汽车西站，交通十分便利。

永康国际大酒店：是一家按四星级标准装修的精品商务酒店，位于永康市城南路799号，毗邻长途汽车站、火车站，离金丽温高速公路入口约1千米，地理位置优越，交通十分便利。

美食 饕餮一族新发现

到方岩游览可以品尝永康肉麦饼，外地人称之为"永康食果"。永康肉麦饼以制作简便、配料讲究、做工考究、价廉物美、别具风味而闻名。

廿八都古镇

一个遗落在大山里的梦

微印象

@名字短一些 和乌镇、西塘等古镇不同，廿八都古镇褪去了商业化的华丽衣裳，透着原来的古朴和醇厚，有真正值得聆听的故事。

@秋日侠影 古镇位于浙江、福建、江西三省交界处，依山傍水，风景秀丽，以方言为特色，以明清和民国时期建筑为主，有武官衙门、农博馆、钱庄、戴笠与女特工陈列馆等景点，很值得一去。

门票和开放时间

门票：80元。

开放时间：8:00—17:00。

进入景区交通

位置：江山市廿八都镇。

交通：在火车站、江郎山都有发往廿八都的班车，全程车票20元，江郎山到廿八都古镇10元。

景点星级

美丽★★★★★　人文★★★★　特色★★★★　休闲★★★★　浪漫★★　刺激★

❶ 廿八都古镇

廿八都地处浙江、福建和江西的交界处，当地人常用"一脚踏三省"来形容这里。与周庄、同里、乌镇等著名古镇相比，它依然是藏在深山人未识。北面的仙霞关、南面的枫岭关将廿八都阻隔在一个近乎封闭的环境里，让它和那些江南水乡古镇有着截然不同的风格，甚至带有几分神秘。

1100多年前，著名的仙霞古道从镇上穿过，四方关隘拱列，廿八都成为兵家必争之地。兴起于驻军，兴盛于商业往来，廿八都作为过往货物中转的第一站，一个必经的交通枢纽，迅速成为三省边境最繁华的商埠。鼎盛时期，商行店铺、饭馆客栈布满了整条鹅卵石铺就的大街，富足热闹了数百年之久。

链接 为什么叫廿八都

许多人对这座古镇的名字感到奇怪。这里古称"道成"。宋朝时在乡以下设都，江山设都四十四，道成地属二十八都，此后就一直沿袭这个名称。在江山市，至今还保留着四都、八都、廿七都、卅二都等地名。

古镇内保存着原汁原味的古建筑，融合了三省的建筑风格，古老而雅致，尽显古镇风采，其色调恢雅古朴，木雕工艺精湛，平面布局巧妙，寺庙彩绘传神，尽显19世纪集镇自然经济的繁荣景象。

廿八都镇包括浔里、花桥、枫溪三个村子，在这个近乎封闭的环境里，文化却表现出令人诧异的开放与多元，古镇的3600多人分属69种姓氏，在方言姓氏名人馆，可以对廿八都各姓氏的来龙去脉、语言特色有个速览，也算是了解当地文化的一个窗口。

解说

廿八都居民既以全国各地移民为主，自然带来各地方言，除了通行的"廿八都官话"，廿八都经常使用的方言至少还有9种，包括"江山腔""浦城腔""广丰腔""灰山腔""岭头腔""溪下腔""河源腔""下浦腔""洋田腔"等。一个方圆不过数十里的小山谷中竟然有这么多方言，确实算得上"方言王国"。

❷ 桃花弄

枫溪街上有一条令人想入非非的桃花弄，其中一处宅院有曲里拐弯的三道院门，在春日的细雨中显得有几分破败。因为以前后面山上桃树很多，春天时满山桃花，故名桃花弄。

❸ 万寿宫

踏过水安桥，迎面就是一座高大的祠堂式宅院，围墙比一般江南古宅高出几乎一倍，门额上有"万寿宫"三个字，这就是旧时的江西会馆，听说是明朝后期崇祯年间造的。踏着石阶走进大门，昔日的江西会馆几年前已变成一个竹器工场，中间是一个正方形的大天井，四周厅堂房廊高敞，即使阴雨天也并不觉得昏暗压抑，房梁和窗格上的木雕图案依稀可辨。

❹ 枫溪老街

廿八都古街商家多是前店后宅，居民们常常在街道边就餐、择菜、洗衣，甚至进行产品加工。早早晚晚也成了沿街居民会餐交谈的场所，因此商业气氛和生活气氛十分浓厚。古街两侧排列着整齐的店铺，间以高耸的马头墙。

> **点赞** 👍 @风中劲草 这里有很多徽派古建筑，而且保存得很好。游客很少，很幽静，没有太多的商业气氛，到处都能感受到它古朴的气息。一个人走在青石铺就的小巷子里，真的有点担心一不小心就穿越了。

❺ 枫溪望月

枫溪桥是一个半圆形的单孔石拱桥，比水安桥的历史还要悠久，是道光十八年（1838年）建的。桥身全部由青石砌筑，桥台、桥栏及上下台阶也都用青石板铺设，桥上的护栏上都有精雕细刻，拱顶南北两面都有"枫溪桥"三个字的青石桥额。

❻ 文昌阁

文昌阁建于清宣统元年（1909年），建筑坐北朝南，占地面积约为1570平方米，平面布局为三进二天井，左右为厢房。主体建筑的木雕艺术和丰富彩画极具特色，所有梁、枋等以及藻井均彩绘人物、花、山水、鸟兽。全部雀替、牛腿、槛门、窗扇均以浮雕或透雕装饰，题材丰富，形象生动。

廿八都文昌阁有两大功能，一是供奉文昌帝和魁星；二是用来作为地方学子读书会文的场所，起书院或义塾的作用。

> **点赞** 👍 @飞旋海豚 古镇坐落在云雾缭绕的山坳里，山清水秀，户户流水。虽然地处偏僻，但多样化的建筑可以看出历史上很富庶，充满了"故事"，有不少有分量的历史遗迹。商业味较浓，但还保留了日常生活，比几个水乡古镇要有味道。

攻 略

住宿 驴友力荐的住宿地

古镇内多为客栈、农家乐，虽然设施简单，但胜在干净整洁，住在古镇内，还能更好地体验当地古朴的生活。

江山边城度假酒店：酒店前临街景后靠溪江，环境优美，交通便利。地址：江山市廿八都古镇枫岭路9号。

和睦家园民宿旅馆：旅馆就位于这繁华的枫岭路"农家乐一条街内"，是一家品味格调精致、文化氛围浓郁的农家乐饭店。饭店内收藏有大量的明清古家具、古绣片、古玩意。地址：江山市廿八都浔里街19号，近姜遇臣旧宅。

美食 饕餮一族新发现

廿八都古镇的美食，当属铜锣糕和豆腐最出名了。铜锣糕以艾草为原料，蒸好后的铜锣糕质地细腻却毫不油腻，口感润泽有弹性，一点都不粘牙。廿八都豆腐，精选优质的农家黄豆，用山泉水掺和而制，制好的豆腐，必须用排骨和酱油来调味，那味儿才叫一个鲜。

隆兴斋：饭店为两层古朴的小楼，位于古镇繁华地段。墙上有古镇八大碗菜系，冷柜里有陈列好的菜品，可以根据喜好点餐。地址：廿八都古镇浔里街38-39号。

多味农家菜：饭店位于古镇主街道的丁字路口处，多为当地特色菜品，价格实惠，口感新鲜。地址：廿八都古镇村里老街(和睦家园隔壁)。

购物 又玩又买嗨翻天

廿八都地处深山，有着丰富的农特产品，如豆腐、笋干、铜锣糕等，都很有当地特色，喜欢的朋友可以带一些回家，赠送亲朋好友。

江郎山

雄奇冠天下　秀丽甲东南

微印象

@耘池墨砚 江郎山不愧被称为"小华山"，爬江郎山考验的已经不只是体力，毅力也是很关键的。但是爬到山顶时，那种成就感和眼前的风景又让一切劳累瞬间消散。

@janice lee 江郎山——江山如此多娇！山之陡，路之险，山中云雾缭绕，使我忘记了身在何处！

门票和开放时间

门票：105元。

开放时间：7:00—19:00。

最佳旅游时间

江郎山最美的季节是春天，尤其是4月至6月，这个时候雨量充沛，经常出现云雾缭绕三峰的壮观景象。秋季也是登江郎山的好季节，天高气爽。

进入景区交通

位置：衢州江山市市区南25千米处的江郎乡泉井村。

交通：江山汽车站乘前往江郎乡的车，在江郎乡街口就有进山的中巴车，可开到景区门口。另外，衢州市汽车北站有旅游专线车直达江郎山景区。

景点星级

美丽★★★★　休闲★★★　浪漫★★★　特色★★★　人文★★★　刺激★★

江郎山属丹霞地貌，景区由三爿石、十八曲、塔山、牛鼻峰、须女湖（青龙湖）和仙居寺等组成，面积11.86平方千米。江郎山不仅聚岩、洞、云、瀑于一山，集奇、险、陡、峻于三石，雄伟奇特，蔚为壮观，且群山苍莽，林木叠翠，窟隐龙潭，泉流虎跑，风光旖旎。每当云雾弥漫，烟岚迷乱，霞光陆离，常凝天、山于一色，融云、峰于一体。

江郎山入口处的巨石上，刻有"天半江郎"四个大字，从这里远眺江郎山可见三爿石高高腾起于半空的云雾之中，如在半天之上。三爿石高360余米，耸立在海拔500米的山地之巅，形似石笋天柱，形状像刀砍斧劈，呈"川"字形排列，依次为郎峰、亚峰、灵峰。郎峰体形庞大，宛若魁伟的城堡；亚峰就地拔起，上大下小，如天外宝剑插立在峰间；灵峰体态浑圆，尖顶朝天，泰然稳坐。

点赞 👍 @一瓶坏土 站在霞客亭前，便能看到三爿石在云雾中若隐若现，山也显得更加清灵。身处其中就如同踏入了仙境，让人流连忘返。

郎峰是三爿中唯一一块可以登顶的山峰，自登天坪至顶峰，垂直高度225米，必须攀登3500余级石阶。郎峰顶有一座问天亭，在那里可以看到连绵起伏的群山，仿佛置身于云雾之中，美丽至极。站在江郎山观景平台仰望，郎峰惟妙惟肖，在月朗星稀的夜晚，则更为传神。

一线天是亚峰和灵峰之间的弄峡。它两壁平行且笔直，如刀削斧劈，给人以无与伦比的雄伟气势，展现了大自然的鬼斧神工，被称为"中国丹霞一线天之最"。它长、高都接近300米，宽距在3.5米到5米之间，两壁仿佛巨斧劈出的石巷，平行而笔直，仰视天余一线。两边的绝壁竟完全不同：向阳的绝壁寸草不长，而背阳的绝壁却长满绿色苔藓。

攻略

　　1.郎峰天游山势险峻，年老年幼体弱者不要攀登。建议南线上，北线下，北线有一段路程为铁梯，呈90度直角，极为险峻，如果有小孩，建议还是往南线下，原路上原路下。攀登郎峰不要穿高跟鞋，戴上手套，攀登时以方便抓护栏。

　　2.江郎山整个游览下来需要3个小时左右。如果要选择攀登三爿石中的郎峰，那么在之前的爬山过程中要注意节省体力，建议放慢节奏，避免消耗过大，影响郎峰天游的游览。

江郎山示意图

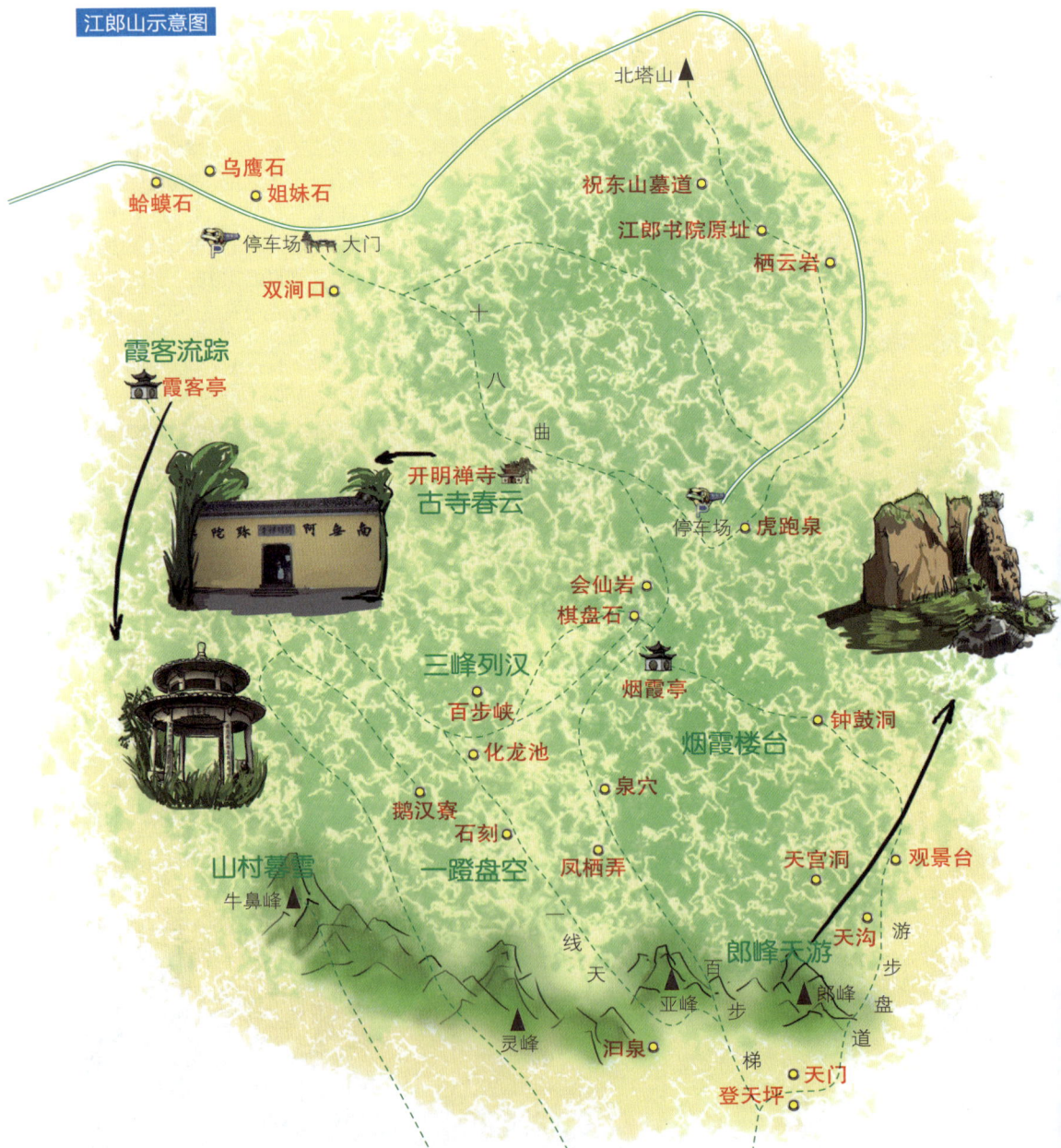

北塔山

乌鹰石
姐妹石
蛤蟆石
祝东山墓道
江郎书院原址
停车场 大门
栖云岩
双涧口

十
八
曲

霞客流踪
霞客亭

开明禅寺
古寺春云

停车场 虎跑泉

会仙岩
棋盘石

三峰列汉
烟霞亭

百步峡
烟霞楼台
钟鼓洞

化龙池

鹅汉寮
泉穴

石刻
天宫洞
观景台

一蹬盘空
凤栖弄

山村暮霭
牛鼻峰
一
线
天
亚峰
百
步
郎峰天游
天沟
游
步
盘
道
郎峰

灵峰
泪泉
梯
天门
登天坪

从江郎山往回走，可看到一亭，这便是霞客亭。徐霞客曾三次过江山，这个亭是为纪念他修建的。亭柱上有一副对联，亭外还有一方刻着徐霞客江郎山游记的石碑，背面有"霞客游踪"四字。从这里能够看到三爿山右边的笔头峰。

须女湖位于江郎山下，是一个人工湖。它风光秀丽，峡谷溪瀑，奇石林立，峰峦叠翠，有桃源门、藏龙出峡、叠翠飞瀑、九姑崖等景点20余处。湖前有高达7米的"江郎与须女"石雕，演绎着一个古老的爱情故事。

江郎山还有倒影湖、会仙岩、天然国画、天桥、虎跑泉、铁索桥、江郎书院、江郎山庄、雾中江郎、夕阳西下等美景可观赏。

小贴士

从霞客亭能观赏到三爿石最美的风景，如果因为要走回头路而没有过霞客亭会是一大遗憾。

故事 须女湖的传说

很久以前，东海龙王的女儿须女在江郎山脚游嬉时认识了当地江氏三兄弟，三兄弟同时爱上了这个美丽善良的须女仙子。最终须女被迫回到了东海龙宫。痴情的江氏三兄弟登上山头远眺须女远去的背影，渐渐地化成了三块巨石，即江郎山的三爿石。后来须女逃出龙宫，看到江氏三兄弟化成了三块巨石，悲痛万分，泪如雨下。须女的眼泪在江郎山脚下汇集到一起，形成了须女湖。

攻 略

住宿 驴友力荐的住宿地

江郎山庄坐落在江郎山脚下，是一座集吃、住、购、娱为一体的多功能宾馆。除江郎山庄之外，江郎山景区附近能提供住宿的酒店宾馆还有利国酒店（江山市三峰路15号）和江山丹霞客栈（江郎山售票口附近）。

美食 饕餮一族新发现

江郎山景区附近的餐饮店基本上集中在江郎新街和余家坞一带。特色菜有菱角豆腐、八宝菜、开洋豆腐干、醋糕、山粉肉圆等。

孔氏南宗家庙

南孔圣地　东南阙里

门票和开放时间

门票：10元。

开放时间：8:00—17:00。

最佳旅游时间

游览孔氏南宗家庙全年皆宜，每年的9月底这里会举行祭孔仪式，届时整个衢州市都热闹非凡。

进入景区交通

位置：衢州市柯城区新桥街中段北侧。

交通：在衢州火车站乘坐27、37路公交可到达景区。

景点星级

美丽★★★★　人文★★★★★　休闲★★★　浪漫★★★　特色★★★　刺激★★

衢州孔庙素称"南宗",是全国仅有的两家孔氏家庙之一。孔氏南宗家庙是孔氏第二圣地,仅次于曲阜孔庙的孔氏及儒学中心。

孔氏南宗家庙建于南宋时期,历史上曾经多次拆迁修葺,现如今的建筑建于明代,建筑基本上是按照曲阜孔庙的规模建造的,清代也多次进行修缮。如今它占地14000平方米,分为孔庙、孔府及后花园三部分,建筑面积达7490平方米。整个建筑群坐北朝南,平面呈纵长形,以三条轴线布局。庙内主要建筑有大成门、大成殿、两庑、思鲁阁等。

南孔家庙设有"金声""玉振""棂星""大成"四门。金声、玉振两门之外,有"德侔天地""道冠古今"两块牌坊。进入庙内首先看到的就是佾台,这是祭祀孔子时歌舞的地方。沿中轴线向前便是孔庙的主殿大成殿,建筑是重檐歇山式结构,十分雄伟壮观,双重飞檐中立有一块"大成殿"竖匾。殿内正中是孔子坐像,子伯鱼及孙子思像则侍立两侧。横梁上悬着十余块历代皇帝御书的匾额。殿前通道的东西两侧各有九间房子,叫"两庑",这里是供奉先贤的地方。东庑有中兴祖玉像,西庑有孔端友像。

链接 **衢州孔庙的由来**

南宋建炎三年(1129年),孔子四十八世嫡长孙、衍圣公孔端友随宋高宗南渡。至宋理宗宝祐元年(1253年),蒙古大军盘踞北方,北归无望,衍圣公孔洙及衢州郡守孙子秀奏请新建家庙,将家庙建在城东北菱湖之上,规制与曲阜家庙相同。宋末元初,家庙毁于战火,迁到城南,即为现在的南宗家庙。

攻略

历代王朝都把祭祀孔子当作国典。祭孔佾舞是祭孔时的一种重要舞蹈,就是在佾台上进行的。衢州每年9月28日都将举行隆重的"南宗祭孔"活动,来自全球的儒学文化研究专家、教授以及孔子后人都会云集于此畅谈儒学文化。

东轴线上，金声门左为历代孔氏后人读书治学的孔塾，内进为崇圣祠，是祭祀孔子五世祖的地方，在祠前稍西是报功祠，祀有功于南宗的官绅，祠后是圣泽楼、旧称御节楼，是楼阁式硬山顶建筑，为存放皇帝御赐之物的地方。

西轴线上，玉振门右有五支祠、袭封祠、六代公爵祠及思鲁阁等建筑。思鲁阁现为孔氏家庙陈列室，存放着孔子夫妇楷木像，阁下有镇庙之宝——先圣遗像碑。孔子夫妇楷木像，高不足两尺，孔子长袍大袖，元官夫人长裙垂地，形象生动。先圣遗像碑相传为孔端友根据唐代画家吴道子稿本摹刻。

南宗孔庙曾历经战火，内部文物被洗劫一空，这两件文物是南宗孔庙仅存的。思鲁阁内还新塑了一尊孔子像，供人们瞻仰。思鲁阁是曲阜孔庙所没有的建筑，寄托了南宗孔氏子孙对山东曲阜和家人的思念。

从思鲁阁向南便到了孔府内宅，内宅第一层是五经博士（奉祀官）及眷属生活区；第二层是陈放服饰、祭器、书画之所。接着是花厅，会客之处，再往前就是大堂，是处理庙务事务的地方。孔园是一座以大中堂为中心的园林，其间有亭、台、阁、榭、假山、回廊和池塘。

点赞 @雁翎 见到了传说中的孔子楷木像，非常古朴。想着子贡刻像的传说，心中凝聚了一种感情，挥之不去。

解说

从南宋衢州孔氏家庙建成到新中国成立前夕，一直是由孔子世代嫡长孙掌管"衍圣公府""博士署""奉礼官府"，新中国成立后由政府委托文化部门管理。孔子第75代孙孔祥楷现任衢州孔氏南宗家庙管理委员会主任。

攻略

住宿 驴友力荐的住宿地

孔氏南宗家庙位于衢州市柯城区，附近的住宿地很多，各种档次都有。

衢州索菲尔精品酒店：位于衢州市繁华商业中心上下街与南街交会处，与市人民医院，著名旅游景点孔庙仅一步之遥。地理位置优越，交通便利。

凤朝国际大酒店：位于衢州市柯城区徽州街1号，是一家集住宿、餐饮、娱乐为一体的大型综合性酒店，房间陈设雅致，设计时尚。

美食 饕餮一族新发现

衢州菜肴风味独特，饮食文化历史悠久，烹调讲究鲜嫩软滑，意在不变原味，有蒸、烤、炖、泡、炒、起浆等多种方法。

古铺良食：位于水亭街朝京门进士巷16号，饭店装修得很有特色，适合体验一站式当地美食。

不老神鸡：位于柯城区荷一路75号，不老神鸡是根据中国饮食文化中的"药食一体"理论，配以28味中草药精制而成的，具有滋补营养、健康和胃之功效。

购物 又玩又买嗨翻天

孔氏南宗家庙的纪念品有近百种之多，价格从一元起，各种档次的礼品有各种不等的价格。也有无人售货，可投币购买印有孔子夫妇楷木像、先圣遗像碑以及《大同篇》的宣纸单幅纪念画，且可自己动手，在画上盖"孔氏南宗家庙"纪念图章。各类纪念品，无不具有"孔氏南宗"特色。

天脊龙门

一个与龙有关的地方

微印象

@打地鼠 去的那天在下雨，山上云雾缭绕的，雾气使一些景色若隐若现的，真的像在仙境似的。

@不吃草的牛 景点外表看起来并不起眼，进山后才发现山势险峻，棱空栈道、飞天索桥能紧紧地抓住人心，让人流连忘返。

门票和开放时间

门票：65元。

开放时间：8:00—17:00，最晚入园时间为15:00。

最佳旅游时间

全年皆宜，秋季最佳，此时秋高气爽，景区内五彩斑斓，风景如画，夏季的天脊龙门是一处避暑的胜地，冬季可以观雪。

进入景区交通

位置：衢州市衢江区黄坛口乡下呈村。

交通：在衢州市北站可乘车直达景区，衢州南站也有去坑口乡龙门景区的中巴。

景点星级

美丽★★★★　刺激★★★★　浪漫★★★★　特色★★★　休闲★★　人文★★

天脊龙门地处水门尖之下，以溪流峡谷和丹霞地貌为特色，是一条从龙门到水门尖的长达12.5千米的大峡谷，相对高差近1000米，呈V字地形。天脊龙门山体主要由火山岩构成，山岭的走向十分复杂，山势挺拔陡峭。它集奇山异石、天然洞府、幽谷川流和自然园林景观于一体，聚山、林、泉、瀑、云、雾等奇观于一谷，形成了险、雄、奇、秀、幽之胜景。

龙门石笋位于峡谷口，在南北相距约200米的山腰上有高度相等、大小相似的一对石笋，巧夺天工，笋顶上有古松，酷似一对龙角。三鼎山位于峡谷南侧，山冈上有三块岩石组成一个"山"字，呈鼎状，酷似一只"龙爪"。

从入口进入天脊龙门景区，过检票厅，入眼便是高大的龙凤坊，在景区内像这样包含龙文化的建筑还有很多。一路向前走去，可见到以龙九子命名的九个龙亭以及各色龙命名的五座龙桥。还有鲤鱼跃龙门、飞潭龙瀑等众多以龙命名的的景点。传说中的龙给天脊龙门蒙上了一层神秘的色彩。

> **点赞** 👍 @那天我不再来 初进峡谷便见山峦如同一条巨龙，隐约可见一鳞半爪，天脊龙门倒也名副其实。

攻略

传说中龙生九子，都不成龙，各不相同。在天脊龙门就有九座以龙子名命名的亭，分别是赑屃、螭吻、蚣蝮、嘲风、蒲牢、狻猊、睚眦、椒图、囚牛。

从龙凤坊经亭过桥，一路往前行。由于山高水长，天脊龙门的潭瀑也特别多。每有一道悬崖，就会有瀑帘高挂；每逢一处拐角，便有深浅不一的清潭，有恒温24℃的龙涎圣泉、白龙双瀑、九龙滩……其中最为壮观的为龙潭飞瀑，它从10多米高的悬崖上直泻入龙潭，如蛟龙吐水，银花四溅，水声隆隆，潭中碧波荡漾，清澈见底，水质淳厚。往前还有黄龙瀑、银龙瀑等景点。

继续向前便是最为惊险奇特的飞天索桥，飞天索桥百米余长，把两边的栈道巧妙地连接起来，离峡谷有百米高，使天堑变为通途，被称为"浙西第一索桥"。山中有雾升起，走在索桥上，尖叫声此起彼伏。在索桥附近还有一座龙宫，它海拔1000米，飞檐斗拱，仙气渺渺，藏在深深的雾气山色之中。

走过飞天索桥便会看到鲤鱼跃龙门，要通过"不甘其生做凡人，脚踏一步跃龙门"的龙门绝壁，传说鲤鱼便是在此化身成龙的。过一步通仙桥，向前转个弯便可看到在山壁上有巨大的红色的"龙"字崖刻，特别显眼。经过螭

点赞 👍 @想念的山水绿 飞天索桥非常长，走在桥上眺望两边如同凌空漫步，缥缥缈缈的云雾就飘在身侧。

吻亭可以休息一下，因为前面要过一条长达1800余米、海拔1000米的栈道，这便是飞龙在天栈道。它如同一条盘旋于崇山峻岭中的飞龙，气势磅礴，走完栈道便到山下。

天脊龙门还有响谷回音、吊桥咏诗、青藤仙子、赤松行宫、白娘子斗法海、济公出世、龙门裂豁以及有72株古树的孔家山古树群等30多处景点。每一景点都有中华博大精深的"龙""佛""道""儒"文化气息。

故事 天脊龙门的传说

天脊龙门流传着一个美丽的神话故事，传说很久很久以前，鲤鱼跳过龙门，成为一条龙。它经过这里时，被美丽的景色迷住了，就不想上天做神仙，留在了龙门大峡谷，化成"天脊龙门"。

点赞 👍 @丸子 "飞龙在天"栈道如同一条缠绕于山间的巨龙，它依附于山壁，悬空于半山腰上，非常刺激。

天脊龙门示意图

攻 略

美食 饕餮一族新发现

竹园饭店：位于衢州衢江区黄坛口乡下呈村天脊龙门风景区，近307县道，周边环境优美，自然植被丰富，地段优越。

依翠人家饭店：位于衢州天脊龙门的山脚下，是一所独具特色、吃住一体的农家乐园，农家特色菜有土鸡煲野参、石斑鱼、笋干烧肉、野菜、农家豆腐等，价格实惠。

特别提示

❶ 去景区的盘山公路非常长，若开车前往，车的油量一定要充足并且要慢行，过弯时要多按喇叭。

❷ 天脊龙门山势陡峭，很难攀爬，建议选择抓地力好的鞋子上山，以免造成危险。而且上山的栈道阶梯比较宽，下山的阶梯很窄，所以下山时一定要格外留心。

❸ 爬上山之后可以坐单人索道下来，38元/人。

第 4 章
温州和丽水

楠溪江
雁荡山
泰顺廊桥
洞头列岛
仙都

浙江深度游
Follow Me
★ ★ ★
陪旅行的倡导者

楠溪江

中国山水画摇篮

微印象

@锦瑟 江水不深，水下是一片片巨大的石板，水在上面流，很奇妙，江两岸绿树郁葱，很美的一幅江南水写画。

@转瞬红颜 竹排漂过江岸，但见江边有农妇在江里挑水，行行白鹭在低空自由翱翔，在万籁俱寂的天地间，只有流水潺潺推动竹排的声音。

门票和开放时间

门票：陶公洞10元，十二峰30元，九漈石门台30元，石桅岩50元，丽水街15元，太平岩10元，龙湾潭70元，永嘉书院50元。

开放时间：8:00—18:00。

最佳旅游时间

楠溪江气候宜人，相对而言，春季和秋季是前往楠溪江的黄金时间。

进入景区交通

位置：温州市北部的永嘉县境内。

交通：楠溪江景区景点分散，主要中转地为岩头镇，可由此换乘当地班车或三轮车到各景点。

景点星级

美丽★★★★　刺激★★★★　休闲★★★★　人文★★★★　浪漫★★★　特色★★★

　　悠悠三百里楠溪江，以其水秀、岩奇、瀑多、村古、滩林美而闻名遐迩。楠溪江景区面积671平方千米，以田园山水风光见长，溪流清澈，古朴纯净，随江倒影，摇曳生姿，水底游鱼，触眼可观。日间漂游于江上，可远眺青山，近观碧水，心旷神怡；夜间游江，能见渔火点点，采纳江风，渔舟唱晚，宁心静气。现有大楠溪、石桅岩、大若岩、太平岩、岩坦溪、四海山、源头、狮子岩八大景区800多个景点。

① 狮子岩

　　来楠溪江可先到狮子岩景区，它位于楠溪江干流中游，是楠溪江景区的中心，以"水美""村古""林秀"著称。楠溪江在这里变宽，形成一个大湖，水质清澈，湖中有一大一小两个岩石，名叫"狮子吃绣球"。狮子岩周围河床开阔，水流深浅适宜，滩林幽美，风景如画。

　　狮子岩附近还有一处洞穴叫"龙瀑仙洞"，位于岩头镇的岙底村，有水帘洞、龙宫、飞龙瀑、天池、观景亭等景观。奇峰耸翠、怪石峥嵘、古洞幽深、涧瀑飞泻、环境清幽、景色宜人，是旅游观光、消夏纳凉的好去处。

　　景区内还有三个古村值得一看，古村都还保留着浓浓的古韵，不管是道路、墙体、堤岸都大量采用石砌，细看时在粗豪的表面下隐藏着精湛的工艺。苍坡村是以"文房四宝"进行布局的，村中的一条街、一条石、一座村、一池水对应笔墨纸砚，而街连着村外的笔架山。丽水街最大的特色就是整条街有木制的建筑结构作为顶棚，看上去就像一条长廊，内配有座凳，屋檐红灯下，歇坐望水边。

小贴士

　　狮子岩周围的河面较宽，河水较浅，有很多人都在那里游泳，还有作为救生艇的皮划艇和小木船穿梭其中。楠溪江景点分散，且距离较远，在景区内可租车来往于各景点之间。

点赞 👍 @红军出发了 狮子岩是楠溪江的精华所在，这里山清水秀，到此旅游最好选一个游人不多的夏天，江上的微风送来的一丝凉意让人惬意无比。

169

❷ 大若岩

大若岩位于小楠溪中游，以飞瀑、奇峰、幽洞、秀水和宗教文化浓厚见长。位于大若岩山脚下的陶公洞，被道家誉为"天下第十二福地"，洞分上、下两层，是一个大型天然岩洞。洞外建有建筑，洞内南侧岩壁上有流米洞和白鲞洞两洞。夜间灯烛辉映，洞壁白石，或似游云，或若鳞片，昏明异形，远近殊色。洞口绝壁上山溜滴珠，洒入池中，如同"天女散花"。

陶公洞附近，在1千米长的山涧两侧是高达300多米的陡岩，仅露一线蓝天。在崖下库的陡壁上凿有20米高的石级，勇敢者可扶栏攀上山崖左侧的一个缺口，可见一巨瀑扑面而来，瀑风裹雨，凉气袭人。

陶公东往北有一溪九瀑，名为石门台九漈瀑。九漈之奇，奇在瀑有九级。九瀑源流，当是一脉，然一瀑一形，一瀑一景，层次分明，自成首尾。

> 👍 **点赞** @阿兰 崖下库在楠溪江景区可以算是值得去的一个景点，山体有特色，瀑布规模较大，山上瀑布下的潭水很清，夏天很凉。

攻略

竹筏漂流起点主要有渡头、小港、楠溪江二桥、狮子岩、龙河渡五处。其中狮子岩周围河床开阔，水流深浅适宜，沿岸滩林幽美，风景如画，除了是放排漂流的好去处，在这里还可乘坐舴艋舟、汽船等畅游楠溪江。

❸ 石桅岩

石桅岩位于鹤盛乡，内有峭壁危岩、奇峰险峡、急流深潭、沙滩草地，景色清幽迷人，具有雄、奇、险、秀、幽、奥等特点。景区内有海拔306米巨峰，形似船桅，故名石桅岩。石桅岩擎天拔地，有"浙南天柱"之誉。区内还有一处龙湾潭森林公园，层林尽翠，四季常青，奇峰异岩，飞瀑碧潭，到处可见，山石林立，重峦叠嶂，溪流纷争，富有生机和活力。还有小三峡、水仙洞、麒麟峰、将军岩、公鸡岩、大象岩、水响岩等景点可以游玩。

小贴士

小三峡不长，如果想体验乘船的乐趣，在小三峡总会意犹未尽。

> 👍 **点赞** @猴哥 这个景点50元的门票还是比较值的。慢慢玩，玩四五个小时很正常。而且黄金周人也不多，比去著名景点强多了。

攻略

交通 游遍景区不犯愁

❶ 公交： 景区内的三轮车相当于景区内景点间的"公交车"，价格便宜，几元不等。特别在大楠溪（岩头中心）景区游玩，一般会选择从岩头镇乘坐三轮车前往景区各景点。

❷ 租车： 游览楠溪江可在当地租小货车或小面包车，还可以在岩头镇上租借一辆自行车。

住宿 驴友力荐的住宿地

在楠溪江住宿可以各个景区为根据地，大到中心点岩头镇，小到旅游热点林坑，都有各类住宿设施。

林坑太和堂客栈： 位于永嘉县黄南乡，是比较常见的农家乐，木质的古屋冬暖夏凉。

楠溪江庭轩阁民宿： 位于永嘉县楠溪江岩头镇丽水街5号，近丽水长廊民宿，装饰时尚清新，布置宽敞洁净。

花筑·永嘉大屋小栈民宿： 是永嘉县楠溪江一家度假型的酒店，充满小资风格的设计，环境舒适。

美食 饕餮一族新发现

在楠溪江可以到当地餐馆品尝这里的名产，如楠溪香鱼、大鼋、沙岗粉干、永嘉田鱼、素面等。

香鱼： 是楠溪江一种奇特、名贵的淡水鱼，一般重二三两，其体偏长，呈青黄色，鳞片细小，是名贵的经济鱼类。香鱼肉细味美，具有特殊香味，为上等食用鱼。

素面： 素面在温州各地均有生产，论其品质之优，首推永嘉楠溪素面。楠溪素面，其成品常被交叠成"8"字形，因此又称"8字面"。楠溪沿江居民历来将素面视为食中珍品，常用素面来招待客人。

雁荡山

东南第一山

微印象

@**啊贵哥** 雁荡山的秀美是不能用言辞来形容的，这座江南的秀丽山峰让人如同进入仙境一般，这里的水也是那样灵动且飘逸。

@**锦瑟** 国庆期间去的，是一个很悠闲的地方，游客也不是很多，风景也挺好，很养眼，适合一家老小游玩。

门票和开放时间

门票：灵峰景区45元，灵岩景区50元，大龙湫景区50元，三折瀑景区30元，显胜门景区15元，羊角洞景区20元，雁湖景区20元。

开放时间：5:30—18:00。

最佳旅游时间

夏季最佳。夏季不仅风景秀美，而且此时雨水充足，大龙湫、小龙湫的瀑布比较壮观。

进入景区交通

位置：温州乐清市雁荡镇响岭头村。

交通：

1.火车：乘动车在雁荡山站下车，仅十多分钟就可以到达雁荡山旅游集散地响岭头。

2.客车：温州市内于长途汽车站乘坐至雁荡山的旅游汽车，至雁荡山响岭头游览。

景点星级

美丽★★★★　浪漫★★★★　休闲★★★★　刺激★★★　特色★★★　人文★★★

雁荡山景区实际上是指北雁荡山，具有丰富的自然与人文景观。雁荡山自南北朝时期就已经开山凿胜，山上建有寺庙亭院，历代文人墨客也纷至沓来为雁荡山留下了不少佳作。主要有灵峰、灵岩、大龙湫、雁湖、显圣等8个景区，共有大小景点500多个，其中以奇峰怪石、古洞石室、飞瀑流泉称胜。灵峰、灵岩、大龙湫3个景区被称为"雁荡三绝"。

❶ 灵峰景区

灵峰是雁荡山的东大门，也是雁荡山最华美的景区之一。沿鸣玉溪而上，山腋两壁，危峰乱叠，溪洞潺潺。每当夜幕降临，诸峰剪出片片倩影，"雄鹰敛翅""犀牛望月""夫妻峰""相思女"等一一显现，形神兼备，令人神思飞翔，浮想联翩。

果盒三景是指凝碧潭、果盒桥及果盒岩（亭）。凝碧潭位于果盒岩与渡船岩之间，深10米，潭水澄碧，清澈见底；果盒桥横跨凝碧潭上，紧靠果盒岩；果盒岩生得蹊跷，形状扁圆平整，中间有一条环痕，俨似果盒。

观音洞藏于合掌峰之中，为雁荡山第一大洞。依岩构筑9层楼阁，最高层的大殿内供奉观音塑像和十八罗汉。

北斗洞为雁荡山上最大的道教洞天，洞口高大宽敞，洞内光线充足，冬暖夏凉，为雁荡山诸洞所不及。

点赞 👍 @教主 潭水呈现浅蓝色，据说是潭水中含有大量矿物质（这和九寨沟海子的水有些类似）。站在果盒桥不远的地方拍潭和桥，特别是潭水中小桥的倒影，很美！

❷ 灵岩景区

灵岩景区以灵岩寺为中心，后面有屏霞嶂，有左右天柱、展旗二崖相对峙。景区共分为上下3层，下有灵岩寺、小龙湫，中有龙鼻洞、天窗洞，上有卧龙谷、双珠谷，各景点各有特色。灵峰夜景、灵岩飞渡都堪称一绝。

灵岩寺始建于北宋，背依灵岩，寺因岩得名。寺内有殿宇、禅房百余间，号称"东南首刹"，四周群峰环列，雄壮浑庞；古木参天，环境幽绝。小龙湫又名小瀑布，在灵岩寺右侧后面的隐龙嶂底，瀑水搏潭，因光作色，形态万千。潭水从乱石间流出，汇合成卧龙溪，再蜿蜒地向南流入碧玉溪。

小贴士

区内重要特色之一便是"灵岩飞渡"的准杂技表演，在最佳观赏位置设有茶坐，最多可观看半个小时，该项目源于古代人们采药过程中使用的绝技。

点赞 👍 @清水十郎 进入卧龙谷并乘坐电梯直上谷顶，沿路边走边看，流水潺潺，不远处只见一条细流直下谷底，这正是小龙湫瀑布的源头之一，在边上就是卧龙潭，即《神雕侠侣》中"古墓"的出口，边上有竹筏可以进入洞中。

雁荡山示意图

仙姑洞　双斗峰
大岩头
石佛峰
湖岙山　福溪水库（龙湖）
吹箫峰
塞根潭
双峰尖
仙桥
帽头岩
下平园
新郎岩　龙首岩
甸岭下
虎蹲门
狮子岩
双峰寺
新娘岩　龙虎门

牛才山
高塘
仙溪镇
笔架山
皮筏漂流
竹筏漂流

大坑珠
松坡溪
卓屿
七星

西屏峰　沓屏峰　饭甑岩
会仙峰
南阁上街
普照寺
灵峰景区 ①
仙岩　龙西　章纶墓
牌坊群
真济寺　东石梁洞
仙岩洞
头
狮子峰
将军洞　金鸡峰
乌岗岩
⑤
紫霄峰
古竹洞　灵峰洞
雁荡L
狮子洞
磁头
显胜门景区
鸡冠岩
石佛洞
吴岩尖
三折瀑景区
朝阳洞
朝阳
散水瀑
庄屋
龙溜
显胜门
② 卧龙谷
上折瀑
响岩门
湖南潭
白云尖
灵岩景区
小龙湫
灵岩寺
温州银雁饭店
万进岩
含羞瀑
龙湫背
观音峰　沙帽峰
天柱峰
灵岩寺口
雁湖日出
大龙湫
千佛岩
抱儿峰
悬崖洞
下灵岩
戴辰峰
④
雁湖
雁湖岗
大龙湫景区 ③
剪刀峰
天柱岩
普明寺
方洞晓游乐园
昆仑寺
雁湖景区
玉兔峰
罗汉寺
芙蓉峰
卧龙峰
燕尾瀑
罗带瀑
明阳洞
能仁寺
下培潭
西大瀑
双穴峰
宋代大铁镬
火焰峰
涌翠瀑
连环潭
西含梅
石珠雨
梁峰潭
洞
招贤峰
四
十
九
盘
岭
梯云瀑
石表峰
长微
筋竹洞
雁湖镇
芙蓉镇
本觉寺

③ 大龙湫景区

　　大龙湫景区位于马鞍岭与东岭之间，古称西内谷。景区以奇峰、巨嶂、飞瀑取胜，主要景点有大龙湫瀑布、剪刀峰、球泡流纹岩、显胜门、含羞瀑等。

　　谷口较宽，旁有锦溪，循溪左行，就见前面绝壁成嶂，绝壁上有大小峰头参差相叠，如无数佛陀

双峰

镇安

湖雾岭

溪

雁湖

南麓寺
石门潭

霞洞

白峰尖

湖雾镇

天梯
羊角洞

剑岩
定海峰

双莲洞   莲花峰

羊角洞景区

白香潭

乌龙潭   龙鸣寺

白龙潭

石佛寺
接客僧
金钟岩

中庄

水涨

蒲溪

上保

州银苑饭店

师子岩

雁荡镇

白溪

甬台温高速公路

乐 清 湾

青屿

白沙岛

下塘

乐
清
湾

南岙山

中岙

西 门 岛

西门

东门

前山头

现身,即千佛岩。溯溪而上,有竹桥架溪上,前面峰峦中一峰独竖。山峰巨石尖耸,一道裂隙从上贯下,有如巨斧劈开,形成两片,为剪刀峰。

点赞 👍 @千年一叹 瀑布很壮观,各种各样的山石被古人想象得如此丰富,不同的位置有不同的形态,很佩服。

雁荡山以山水奇秀而闻名，云雾缭绕下的山峰更显妩媚多姿。

攻略

剪刀峰峰形多变，天柱峰、展旗峰、剪刀峰其实只是一座山峰，因为观赏角度的不同而峰形不同而各有命名。入则为剪刀，中立则视为天柱，尽处则状如展旗。

④ 雁湖景区

雁湖景区古称西外谷。雁湖在海拔1040多米的高山岗上，古时雁湖"方可十里，水常不涸，秋雁归时多宿于此"。如今雁湖早已淤积干涸，仅在雁湖冈上残留数处浅水塘，但因雁湖高居山巅，登冈可览云海，日出奇观，还可远望崇山峻岭，雾气缭绕。

雁湖景区以湖、瀑、峰、谷等取胜。烟雨飘散的梅雨瀑，似绸带下垂的罗带瀑，瀑形幽奇的西大瀑和伏物象形的含珠峰、石表峰、玉兔峰以及奇险幽邃的梯云谷、西石梁洞皆为胜景。

小贴士

罗带瀑会因水量大小而有不同的形状，水量小时，分左右大两条；水量大时，则合成一条。

点赞 👍 @mooof 罗带瀑有大小两条瀑布，瀑布像是从织机中出来的洁白的绫罗衣带一样飘洒而下，十分美丽。

⑤ 显胜门景区

小贴士

显胜门两崖高耸200米，而间距仅数米，这种距离的束峙产生的效果至为强烈，令人头晕目眩，不能久待。

显胜门是由两面崖壁对峙而形成的石门，又称"仙胜门"，素有"天下第一门"之称，为雁荡山诸"门"之冠。显胜门两壁陡立，直上云霄，气势雄伟磅礴；门内绝壁四合，森然环侍；脚下涧水铮铮，境极幽邃；抬头仰望，顶壁复合，仅留一线。

章纶墓是安葬明代礼部尚书章纶的陵园，陵园中心是条石甬路，其中有一段是用18个方形石头和33个圆形石头垂直排列而成，代表十八层地狱三十三重天。道路两侧古树参天，从外到里对称分布着石虎、石羊、石马、石人，显得庄严肃穆。

散水瀑四周群山环抱，峭壁耸天，成圆弧状。散水瀑以飘散多姿而闻名，在春夏交接多雨的季节，匹练横空，水势如银河倒垂，瀑声如雷，声撼天地。

攻 略

交通 游遍景区不犯愁

公交车：旺季时到景区内各主要景点都有景区公交车可达，满10人即开，三日车票60元，五日车票80元。

住宿 驴友力荐的住宿地

雁荡山的住宿费用较贵，一般上档次的宾馆或精品民宿，旺季价格在1000元左右，淡季房价会有很大的折扣，可以提前上网预定。也可以选择家庭旅馆，有些条件也很不错，带卫生间、空调、电视。

雁荡山山庄：位于霄霞路8号，是一家旅游涉外饭店，坐落在雁荡山景区内，面临霄霞溪、依山傍水、环境幽雅、交通方便。房价较贵，但环境不错。

雁荡山山海经民宿：民宿位于松溪大道E幢1号，地处雁荡山风景区内，狮子山森林公园下，临山临溪，步行约30米即可远眺大海。

美食 饕餮一族新发现

到雁荡山不得不品尝一下这里独特的传统风味小吃。许多游客畅游雁荡山后都说："观山景、尝小吃、品海鲜，其乐融融。"雁荡风味小吃讲究色香味，只要观其色、闻其香，顿使胃口大开，著名的有鸡末香鱼、香螺、番薯粉丝汤、雁荡烙饼、米粉丝面、苘香五味豆腐干、绿豆面等。

鸡末香鱼：香鱼为雁荡山的"五珍"之一，色泽艳丽，鲜嫩香醇，是美味滋补的上乘菜肴。

土豆野味煲：以兔肉和土豆为主料，这道菜用文火焖出，色泽酱红，香味浓郁，有壮阳益气等功效。

泰顺廊桥

《清明上河图》中的虹桥再现

微印象

@似水柔情 由于是下午到的泗溪，时间比较紧。一共看了三座桥，在这个特别长的黄金周里，整个景区人烟稀少，非常美妙。

@yexingche 没有门票，没有导游，一切都是默默在那儿矗立，悠悠地散发渊源和典故，自驾在山里，如同行驶在桃花源，我很喜欢这个地方。

@奔跑的羚羊 泰顺的廊桥由于修建历史久远，久沐风雨，大多素颜以对，与自然山水和谐清新相处，完全没有新景点的堆砌和现代化的味道。

最佳旅游时间

单纯的廊桥之旅是无所谓季节的，像春节、五一和国庆假期都是出行的好机会。

进入景区交通

位置：温州市泰顺县境内。

交通：温州牛山北路的客运中心，有开往罗阳的中巴，也可以乘坐到三魁或者泗溪的车，四个半小时可以从温州到达泗溪。

景点星级

美丽★★★★　人文★★★★　浪漫★★★★　特色★★★　刺激★★　休闲★★

泰顺有"浙南桥梁博物馆"的美誉，桥梁数量多，结构类型多样，有堤梁式桥（俗称碇步）、木拱桥、木平桥、石拱桥、石平桥和木石混合结构桥之分。廊桥其实并不仅仅是一座过河的工具，还兼有休息亭、驿站、拜神祈福、社交等功能。

泰顺廊桥示意图

黄桥

仙居桥
泰福桥
泰顺
登云桥
毓文桥
三条桥
城水桥

文兴桥
横坑
霞光桥
溪东桥
北涧桥
永庆桥
月湖
雅阳
彭溪
薛宅桥
普宾桥

泰顺的木拱廊桥在世界桥梁史上占有很重要的地位。木拱桥当地人又称作"蜈蚣桥"，其独特的结构具有良好的受压性能，只要两个端部固定，桥身就能很好地承受向下的荷载。桥上建廊非但不是负担，反而增加了稳定，另一方面还可以防雨排水，保护了桥体的木结构材料免受雨水侵蚀。

1 薛宅桥

薛宅桥位于三魁镇薛宅村，始建于明正德七年（1512年），后多次重修皆毁于水患，现在的桥建于清咸丰六年（1856年）。桥身全长51米，单跨29米，离水面高10.5米，建有桥屋15间，桥头坡度30米，拱矢斜度大，造型古朴独特，气势雄伟壮观，已经被载入《中国桥梁史话》。

链接　泰顺廊桥的地位

在中国桥梁史上，"汴水虹桥"因高超的技艺与巧妙的结构而声名显赫。北宋张择端所画的《清明上河图》上，清晰地绘出这座虹桥，只可惜桥梁没有保存下来。20世纪70年代，当桥梁专家在泰顺发现与虹桥类似结构的廊桥时，泰顺廊桥从此声名大噪。

② 泗溪姐妹桥

　　泗溪姐妹桥是溪东桥和北涧桥的总称。溪东桥为木拱廊桥结构，位于泗溪镇东镇，因为地处东溪的上游，当地人又称"上桥"。溪东桥始建于明隆庆四年（1570年），桥长42米，廊屋高10米，净跨31米，两桥台直接依靠两岸岩石上，桥身由上下两层拱骨相贯，伸展成大跨度的无柱飞桥，其桥屋为张扬的飞檐吊角型制，是泰顺造型最佳的木拱廊桥之一。

　　北涧桥为木拱廊桥结构，位于泗溪镇下桥村，当地人称"下桥"。北涧桥始建于清康熙十三年（1674年），桥长52米，净跨29米，结构和型制均与溪东桥相仿，桥屋在东岸和周围的民居建筑有机结合，曾在旧时形成了一条小小的店铺街。溪水、石板桥、古樟树和木拱廊桥，在这里构成了一幅古意盎然的宋画。

小贴士

　　在北涧桥头，有时会有当地退休教士自费办的廊桥文化展，可以前去参观一下。

点赞 👍 @小家碧玉 泰顺廊桥最美在北涧桥，在北涧桥下清澈的溪水涧嬉戏玩耍，真是人间一美事。

③ 仙居桥

　　仙居桥位于仙居村水尾，距罗阳县城20千米，该桥有桥屋18间，80柱单檐，为跨径最大及现桥历史最长的木拱桥，是泰顺现存的木拱桥中跨径最大的。

　　仙居桥始建于明景泰四年（1453年），历史上多次被洪水冲毁，也多次重建。现在我们看见的仙居桥为康熙十二年（1673年）建造的，至今已有300多年的历史。如今的仙居桥气势恢宏、风格古朴，颇有往昔的风韵。

攻略

　　仙居桥附近主要有夕阳中的古廊桥、三滩古道、清末古民居群、古廊生态园等。区内还有一条3千米长的溪流贯穿南北，近年在这段水域上开发了水上漂流项目，漂流的终点就是仙居古廊桥。

点赞 👍 @孤单光棍节 与周围环境很和谐，是一种朴素的美。附近没什么人家，特别安静，两岸山色都郁葱葱，早晨山间升起一层薄雾，感觉真是桥如其名。

4 文兴桥

文兴桥位于筱村镇坑边村，横跨玉溪之上，系叠梁木拱廊桥，全桥长46.2米，宽5米，单孔净跨29.6米，距水面高11.5米。它是泰顺地区现存廊桥中环境较好的一座，保存完好。

该桥始建于清咸丰七年（1857年），1930年重修。文兴桥的结构非常奇特，左右不对称的结构使得该桥在泰顺众多廊桥中倍受关注，1988年列为泰顺县第三批文物保护单位。

故事　文兴桥倾斜的原因

文兴桥桥体稍微倾斜，传说当年建造文兴桥时的把墨师傅是金华人，他带了一名当地的青年为徒。造桥时徒弟怕自己负责的一端不牢固，而加用了几箩铁钉，因此桥身向少铁钉的方向倾斜。

另一个传说则是当年建桥的时候，请来两位师傅，分别从两岸同时建造。两位师傅对于建桥的方案各执己见，互不让步。当到中间时，才发现两边的高度不一样，这时已来不及拆了重建，只得倾斜着合龙。

5 三条桥

三条桥位于垟溪乡和洲岭乡交界地，古时由三条巨木为主梁跨溪架设而成，由此得名"三条桥"。桥的历史可以追溯到唐朝，现在我们看见的三条桥是清道光二十三年（1843年）重建的。三条桥这样的木拱桥在建筑学上称为叠梁拱桥，泰顺县现存这类古桥共六座。三条桥古朴优美，无名氏题在桥身木栏板上的一首"点绛唇"，更给我们带来了绵绵不尽的浪漫遐想。

攻 略

交通 游遍景区不犯愁

①自驾：泰顺廊桥分布较为分散，在县内的各乡镇多有分布，自驾车是最好的游览方式，另外包车或乘当地的中巴也是不错的选择。

②中巴：来往于泰顺各镇、乡之间有很多当地的中巴车，前往各处廊桥较为方便，价格实惠。

③包车：假如时间有限，包车将会是一种高效的选择，如有4~6人结伴同行，包车的费用分摊起来和每个人乘公共汽车的费用差不了多少。

住宿 驴友力荐的住宿地

在泰顺县城罗阳镇，各种档次的旅馆相对比较齐全，如泰顺宾馆和寿宁宾馆等。

至于泗溪、筱村、犀溪、洲岭、三魁和仕阳等地的乡镇旅馆，其住宿价格一般会更便宜，虽然设施比较简单，但卫生条件尚可。

美食 饕餮一族新发现

泰顺有很多山野菜，以山菜为原料的菜有观音豆腐、蕨菜、奶奶捧、野蘑菇、苦马、苦夹、空心菜、蒲瓜干等，很多都是闻所未闻的，美味可口并富有当地特色。当地的小吃也很丰富，有土豆饼、地瓜粉、婆饼、腊兔等，非常美味。

洞头列岛

海上桃源　风情百岛

微印象

@山野匹夫　到洞头旅游除了去景区，还可体验渔家民俗风情，最令人刺激的当数租船出海垂钓或是拾贝。

@苦丁茶　洞头海岛岛屿峋美，金沙碧海，独具魅力，恰如清朝诗人王步霄所赞美："海外桃源别有天，此间小住亦神仙。"

最佳旅游时间

洞头列岛冬暖夏凉，气候十分宜人，四季皆宜旅游。洞头列岛的冬天平均始于12月下旬，一般不下雪，并时有杜鹃花盛开。

进入景区交通

位置：温州市洞头区。

交通：

1.班车：温州汽车站有洞头的直达中巴车，班车每半个一班，循环发车。

2.自驾：可以直接从温州五岛公路自驾前往洞头。

景点星级

美丽★★★★　浪漫★★★★　刺激★★★　特色★★★　休闲★★　人文★★

洞头县由103个岛屿组成，故有"百岛县"之美称，有仙叠岩、半屏岛、大瞿岛、大门岛、海中湖、东沙和竹屿七大主要景区。

百岛洞头以岛奇、礁美、滩佳、鱼鲜闻名于世，以生态优、大桥秀、战旗红、风情纯引人入胜，成为融"海滨浴场、海上运动、海岛别墅、海滨乐园、海鲜特产"为一体，以"百岛奇礁、半屏绝壁、海上平湖"为特色的海岛旅游胜地。

1 仙叠岩景区

仙叠岩景区位于洞头本岛东南端，景区由珍珠礁、仙叠岩、海滨浴场、南炮台山四大块组成，有60多个景点。仙叠岩是一组千姿百态的礁石，有仙人石、仙人戴帽、观音朝拜、十二生肖、观音驯狮、蛤蟆欲仙、师徒取经、仙女背金童、将军岩、响雷谷、日光岩等奇石，凌空峭壁上刻斗大"仙叠岩"三字，苍劲有力。

点赞 👍 @丫头片子 风景还不错，在仙叠岩可以观景，也可以去游泳，适合初夏的时候去。

2 半屏岛景区

半屏岛位于洞头县城南约4千米，景区面积0.95平方千米，与洞头本岛隔港（洞头渔港）相望。岛呈长椭形，西南至东北走向，东侧海岸多悬崖峭壁，似巨斧所斫，拔海挺立如屏，连绵数千米的绝壁是海上天然岩雕长廊，被誉为"神州海上第一屏"。

点赞 👍 @苦行僧 半屏岛的海水十分清透，是洞头最好的一片海水。来到海边最快乐的要属孩子们了，就像是放出笼子的雀鸟，玩得十分快乐。

攻略

在海上岩礁园还可以荡舟观浪，听涛赏景。西部的大沙龙沙滩曲长宽阔，沙细色纯，可捡螺拾贝、捕捉海味、戏耍、冲浪，妙趣横生。在半屏山可以体验一下这里极具渔家特色的日常生活，会让人觉得远离了城市的喧嚣，真正投入了这方山海，令人心情舒畅。

大门岭

马岙潭海滨浴场

7

大门岛

大门岛景区

青山岛

浅门大桥 深门大桥 状元

窄门大桥

霓屿岛

头 岛

洞

滩涂养殖

2

小瞿岛

屏 岛 景 区

大瞿岛

半屏

乌龙驮石 石佛观海

大瞿岛景区

3

大卫岩 罗汉石

孔雀

❸ 大瞿岛景区

大瞿岛景区位于洞头本岛西南约9千米，景区面积6.05平方千米，由大瞿岛、双峰山、南摆屿、北摆屿等岛屿组成，以赏石、观鸟为主要特色。大瞿岛景区的佳景主要集中在石佛观海、大石滩、响雪亭、郑成功校场四大组块。

大瞿岛上林木成荫，繁花似锦，岛东南部石景荟萃，驾舟从海上可览视千奇百态的"千佛山"石景区，在大瞿山顶，有明末抗清名将郑成功练兵的校场遗址。双峰山、南摆屿、北摆屿位于大瞿岛东南，是各种候鸟聚集的岛屿。大瞿岛前的黑牛湾是深水海域，可停泊万吨轮船。

小贴士

每逢农历4月至10月，海鸥、白鹭、海燕、白鹳、赤嘴鹭鸶等大批鸟类飞到这里繁衍生息，最多时达万只以上，群鸟振羽，鸣声宛转，十分壮观。

❹ 竹屿景区

竹屿景区在洞头本岛东面，距县城北岙镇6.5千米，由大竹屿、虎头屿及附近的几个岛组成，均为无人居住的岛屿。

大竹屿是座孤岛，远远望去，因其形似一平卧美女，被誉为"东海睡美人"。大竹屿岛林木非常繁茂，有大片天然草坪，宽阔平坦。在岛上可以野营探险、孤岛生存、垂钓采贝。

虎头屿在大竹屿岛东面3千米处，面积0.088平方千米。岛的东面是国际航道，南来北往的航船必从此海域经过，岛上建有一个国际灯塔。

点赞 👍 @闲来走走 竹屿岛的海边并没有沙滩，而是布满礁石，可以看到小鱼在浅水处游来游去，非常惬意。

攻略

去竹屿岛可以花五六百块钱租一条船，包一天时间。船从岙仔码头出发，大约50分钟便可到达竹屿岛。由于竹屿岛是无人岛，上岛前应该备上一天的食物和水，还可以准备好鱼竿和拣海螺的工具。在岛上可以烧烤，或海边垂钓，还可以搭篷露宿。

洞头列岛示意图

187

⑤ 东沙景区

东沙位于洞头本岛的东北侧，景区面积0.6平方千米，以军旅体验、人文景观游览和民俗风情感受为特色。景区内有洞头解放最后一仗的战场，有保存较好的渔家村落等。主要游览地有洞头先锋女子民兵连纪念馆、胜利岙军事主题公园、双抱人岩、妈祖宫等。

解说

东沙景区所在的桐桥等渔村，是闻名全国的"军民联防模范连"和"洞头先锋女子民兵连"的诞生地，是小说《海岛女民兵》、电影《海霞》主要人物原型所在地。

⑥ 海中湖景区

海中湖景区位于洞头县的中南部，由洞头岛、三盘岛、元觉岛、霓屿岛等诸岛屿环抱，形成一个内海，海面平静如湖，所以被称为"海中湖"。景区由"外西湖"海上运动区和"里西湖"垂钓区组成，是体验民俗风情、度假休闲和海上运动的好去处。

外西湖海面平展旷阔，风平浪静，可开展帆船、帆板、摩托艇等水上运动。湖上设有海鲜楼、卡拉OK厅、舞厅等，里西湖还可以进行垂钓。

点赞 👍@留恋 海中湖动静结合，可以在外西湖体验海上运动的刺激，也可以执一根钓竿静坐里西湖享受一下静谧时光。

⑦ 大门岛景区

点赞 👍@一天零一夜 特地去大门岛观赏了神龟朝霞，霞光满天，神龟漫步，景色很美。

大门岛景区位于洞头本岛西北15.5千米，由大门岛、鹿西岛、北爿山屿和南爿山屿鸟岛组成，以冲浪戏沙、赏石观鸟为主要特色。大门岛是洞头列岛中的第一大岛，面积近29平方千米，因岛形两山对峙如门，故称"大门岛"。

龟岩峰海拔335米，是洞头列岛最高的山峰，峰顶的龟岩特别显目，人称"东海圣迹"。峰顶的龟岩由两块巨石天然合成，身蹲西北，头朝东南，很像一只慢吞吞向前爬行的神龟，当它爬到峰巅时，正是旭日东升朝霞满天，便组成"神龟朝霞"这一瑰丽景观。龟岩东北侧约1千米建有烽火台，遗址尚存。岛东南面的观音礁沙滩，海水清澈，沙质细纯，是游泳和沙滩运动的好地方。

故事　龟岩的传说

据说东海龙王送了个神龟蛋给王母娘娘。王母娘娘爱不释手，经常赏玩，一不小心将龟蛋滑落到凡间。龟蛋落到山岩，壳破了，爬出了一只神龟。王母娘娘随手端起一盆仙水倒了下来，神龟被水一冲，僵化成岩石，趴在山峰上不动了。龟背经水冲之后陷成了一个小潭，潭里的水从不干涸，被视作"仙水"，掬一把潭水，不但能明目提神，还可消灾祛邪。

攻略

交通 游遍景区不犯愁

1 包车：洞头包4座的客货两用车，从北岙到大沙岙、仙叠岩两景区玩半天，约需50元，包桑塔纳约需百元。

2 公交车：洞头岛上有客运中巴，从县城北岙镇到客运码头，10分钟即到。从县城到妈祖庙、大沙岙等景点也有定班车前往。大门岛上从码头到马岙潭每小时有一班公交车前往。

3 自驾：洞头列岛由几座小岛组成，桥梁连接各岛，自驾可以直接开车到各景点。

住宿 驴友力荐的住宿地

到洞头旅游一般都是在洞头本岛的北岙镇住宿，这里是整个洞头列岛的核心，吃住行等都很方便。

温州金海岸开元度假村： 位于三盘岛沿港大道288号，酒店临海而建，拥有200多间，豪华舒适，完全融入了海岛的自然风光。

温州岩海山居： 位于北岙街道沙岙路2号，酒店依山、傍海，环境优美，犹如世外桃源般隐蔽在小山坳里。酒店定位海岛乡村野奢休假。

美食 饕餮一族新发现

洞头县独特的地理位置造就了这里独特的饮食文化，洞头以小吃闻名，较为有名的小吃有番薯粉煎、墨鱼饼、鳗炮、红圆等。

番薯粉煎： 属面食类，以番薯粉为原料，将番薯粉和水按比例调好，然后在煎锅里制成均匀的薄饼型，烤干取起，待冷却后切成条状，即可食用。

墨鱼饼： 又名"乌贼饼"，为鱼加工食品。以墨鱼为原料，将原料放在盛具内，捏碎，调匀，成胶体状，然后放在锅中煎成饼状即可食用。

鳗炮： 为鱼加工食品，主要原料是鳗鱼胶，把晒干的鳗鱼胶切成一段一段，放在锅里加盐炒好，然后拣出鳗鱼胶放在水中浸泡一会儿，再取出鳗鱼胶的内膜后，即可食用。

仙都
难画亦难书的美景

微印象

@史蒂夫 进入景区大门，行走在弯曲幽深的游步道，环顾四周，满眼苍翠，溪水潺潺，碧波倒影，犹如置身仙境，不由地让人心情豁然开朗起来。

@野渡无人 要看山，仙都是不能错过的地方，不说仙都的文化底蕴，单单那山、那水就很让人陶醉。仙都景区的景点还算比较集中，基本两天时间就可全部游览完。

门票和开放时间

门票：100元，观光车：20元。

开放时间：7:30—17:30。

最佳旅游时间

仙都景区的最佳旅游季节是春、秋两季。每年农历九月初九重阳节，仙都都会举办旅游文化节，有公祭大禹、登山竞技、民间文艺表演等。

进入景区交通

位置：丽水市缙云县城东7千米处。

交通：在缙云客运中心坐K6路公交车，在缙云西站和缙云老火车站坐旅游公交专线，均可直达仙都风景区。

景点星级

美丽★★★★　浪漫★★★　特色★★★　休闲★★★　人文★★★　刺激★★

仙都古称缙云山，与黄山、庐山并列为轩辕黄帝的三大行宫。景区总面积166.2平方千米，有仙都、黄龙、岩门、大洋山四大景区，包括鼎湖峰、小赤壁、芙蓉峡、倪翁洞、黄帝祠宇、独峰书院、朱潭山等500多个景点。

仙都是典型的火山岩地貌，由于火山地质作用，造就了千奇百怪的景象，这里变成了一个天然的石头动物园，孔雀、鲤鱼、金龟、狮子、蟾蜍、猫头鹰、天鹅、大象等象形石头遍布各景点。并且非常神奇的是，造型像"十二生肖"的奇石竟可以全部在仙都找到。

① 鼎湖峰

鼎湖峰，东南以步虚山、仙都山为屏，西北傍练溪碧水，高170.8米，底部面积2468平方米，顶部面积710平方米，拔地而起，直刺云天，享有"天下第一峰""天下第一石""天下第一笋"之誉。峰巅苍松翠柏间蓄水成池，四时不竭。峰侧有黄帝祠宇，被誉为"天下第一祠"，是我国南方黄帝文化辐射中心和黄帝祭祀中心。

区内利用光影效果向人们展示了一个融夜、景、水、天为一体的"梦幻仙都"，拓展了景点夜晚旅游活动空间，成为一大特色。

攻略

仙都每年在清明节和重阳节分别举行民祭和公祭黄帝典礼。祭祀活动采用"禘礼"（古代最高的礼祭）的规格，以传统与现代、礼与乐相结合的方式进行，期间还会开展各种竞技活动、民间文艺表演和仙都文化交流等活动。

点赞 👍@小绵羊 雨中的鼎湖峰云雾缭绕，仙气袅袅，非常之漂亮，特别是旁边的步虚山简直就是一幅水墨仙山图。唯一不足的是，能见度降低，坐缆车看到的景色有限，不过在半山腰看山脚的黄帝祠宇还是别有意境的。

② 倪翁洞

初阳谷有三个石洞并连，玲珑剔透，圆如米筛，又称"阳谷三窍"。每当旭日东升，有一缕阳光射透三洞的奇迹。从"半壁池"入，过曲径拾级而上。

主洞倪翁洞高大宽敞，顶如圆盖，地面平坦，洞前有巨石如屏，石室十分幽静而雅致，洞顶有碗口大的石孔，相传为古人夜读挂灯处。据说古代一位姓倪的官员，嫉俗遁世，隐居于此，但未留下姓名。

洞中留有唐朝以来历代文人墨客留下的众多摩崖石刻，行、楷、隶、篆齐全，琳琅满目。最珍贵的是唐代小篆书法家李阳冰（曾任缙云县令）题的"倪翁洞"三个字。此外，还有米筛洞、问渔亭、仙女照镜、老鼠偷油、独峰书院、舅轿岩、月镜岩等景观。

故事 月镜岩的传说

倪翁洞景区有一块神奇的月镜岩，相传古时有一群仙女感到天上寂寞，欲下凡游玩。于是在群玉台对着镜子梳妆打扮，然后载歌载舞，乐声传到人间。在正北方望龟洞住着修炼的和尚，听到悦耳的仙乐，悄悄到仙人礁偷看，只见仙女们在快乐地歌舞，不禁瞪直了眼，入了神，就这样成了化石。

❸ 小赤壁

　　倪翁洞向东过溪，绝壁陡峭，东西横亘数里，石壁下部呈赭红色，犹如焰火烧过，因此这里被称为小赤壁。悬崖中有一天然栈道，长数百米，称龙耕路，相传是东汉光武帝刘秀驾龙耕出来的。龙耕路中有丹室、超妙轩遗址，相传是明吏部天官郑汝璧和状元张懋修（张居正三子）隐居之所。小赤壁一带，溪中有岛，岛中有湖，恰似蓬莱仙境，有龙耕路、婆媳岩、仙榜岩、大肚岩等景点，还有八仙亭、蓬莱阁等人文景观。

> 👍 **点赞**　👍 @星星点灯 规模不大，不过索道很不错，小而精致，有些险要，很值得一玩。

❹ 朱潭山

　　朱潭山可以说是仙都景区的精华所在。进入景点的两桥之间的长堤，叫作仙堤。仙堤上有座四角攒尖的望峰亭和旁边的水榭，既点缀了风景，又是摄影的最佳取景点。晦翁阁是一处在岩洞内人工修建而成的半边亭阁，木结构，两亭角飞翘于洞窟之外。洞窟名晦翁洞，后山即为晦翁岩，山脚好溪溪阔水深，人称朱潭，九龙壁是水边一端奇特的岩壁，这是一条带状的层状节理地质构造，因节理带处于悬崖峭壁间，凝灰岩性岩层状分明，起伏弯曲，横生凹凸，如无数条虬龙盘石潜伏，故称九龙壁，又名龙崖。

> 👍 **点赞**　👍 @白眉大侠 仙堤两边杨柳婆娑，用卵石铺成的长堤既浪漫又多情，是当地恋人拍摄婚纱照的首选之地，也是欣赏鼎湖峰的最佳位置。

仙都示意图

5 芙蓉峡

从鼎湖峰沿好溪上行三四千米，渡溪入山谷，两侧峭壁通体漆黑，整座山体又如钢铁铸成的石城堡。越往里走，峭壁愈高，山谷愈窄。最狭处，中裂如门，仅容一人穿过，大有"一夫当关，万夫莫开"之势，故叫铁门峡。电影《阿诗玛》中，阿黑张弓射穿山崖的镜头就取于此。入内又是一洞天，四周高崖围立，中间绿草成茵，叫紫芝坞，相传是东海八仙饮山泉尝紫芝之处。坞内有屋基一座，是明代四位高人结庐隐居的遗址。

芙蓉峡景区的主要景观还有孔雀岩、卓锡峰、回回岩、仙掌岩等，重要人文景观有"铁城"摩崖题刻。

> **点赞** 👍 @欢欢 去景点先要摆渡过好溪，很有特色。从三奇山到谷底那段真是太美了，最高点是八角亭。两条山刃的小道走起来感觉很好，山都在脚下，人在山顶走。

故事　芙蓉峡的传说

相传东海八仙从西王母蟠桃会回来，路经好溪西畔，见此处紫芝丛生，一起按下云头，入山采摘。性急的蓝采和不小心将何仙姑的花篮撞翻。芙蓉散落一地，吸水而化，故称芙蓉峡。

攻 略

住宿　驴友力荐的住宿地

仙都风景区距离缙云县很近，游览景区可在景区内住宿，也可以返回缙云县城住宿，景区内住宿价格稍贵，但游览方便，到县城住宿选择较多。

缙云时光不老民宿：距主景点鼎湖峰景区新入口约数米。此外，离周围还有小赤壁、朱潭山、铁城芙蓉峡，民宿对面就是风情绿道、溪边林荫小道，散步、骑车均很方便。

缙云中维香溢大酒店：酒店位于缙云仙都路99号，近黄龙路、县政府。环境优雅，交通便利。

美食　饕餮一族新发现

仙都有很多独具特色的农家菜及地方风味小吃。特色菜以红烧溪鱼、干菜豆腐、麻鸭为主，最著名的小吃有缙云烧饼、缙云土面、缙云敲肉羹等。

缙云烧饼：缙云烧饼历史悠久，缙云人叫桶饼，刚出炉的烧饼表皮松脆，内质软糯，集麦香、肉香、葱香、芝麻香、糖油香于一体，经高温烧烤融成一气，咸淡适宜，油而不腻，是当地著名的小吃。

缙云土面：缙云土面也称土爽面，产于仙都风景区一带，为民间传统特产中的珍品，迄今已有千余年历史。此面选用当地精制面粉加入适量精盐，经拌和、发酵、抽拉、晒干等工序，以纯手工制成，因其细长、柔韧、滑软而成为缙云民间节庆和待客的传统佳肴。

缙云敲肉羹：敲肉羹是缙云县的一大特色美食，缙云无论城乡婚庆喜宴，还是逢年过节、亲朋待客都离不开这一道菜，其状似琼脂，色如琥珀，肉质脆嫩，味道鲜美。

天台山
长屿硐天
仙居风景区
江南长城

浙江深度游
Follow Me
爱旅行的伴导书

天台山

佛宗道源 山水神秀

微印象

@黄昏残阳 到了山上，我唯一的感觉就是这里的温度很舒服，真不愧是避暑山庄，七月火辣辣的太阳在山上也变得柔和了。

@西兰 天台山风景区山美水美，空气清新，环境清幽，不过要上山顶的话最好还是开车上去，不然非得累死，喜欢安静的人不要过节去玩，人特别多。

门票和开放时间

门票：内部各景区单独收取门票，国清寺景区15元，赤城山景区15元，琼台仙谷景区65元，石梁飞瀑景区60元，华顶景区50元。

开放时间：7:00—17:30。

最佳旅游时间

游览天台山的最佳时间为每年的4月至10月，每年5月华顶森林公园都会举办天台云锦杜鹃节，以华顶赏杜鹃为主。

进入景区交通

位置：台州市天台县北部。

交通：

1.公交：在天台县乘坐5路、11路公交可到达景区。

2.班车：七大景区间有一定的距离，可在天台山游客中心乘坐景区接驳车至各景区游览。

景点星级

美丽★★★★   休闲★★★★   刺激★★★   浪漫★★★   人文★★★   特色★★

坐落于浙江省东部的天台山是享誉海内外的国家级风景名胜区，以佛教天台宗的发祥地和"活佛"济公的故乡而闻名于世。

天台山集众山之美于一身，其自然景观得天独厚，人文景观悠久灿烂。这里有风光无限的奇石、幽洞、飞瀑、清泉，这里还有佛教"五百罗汉道场"石梁方广寺、隋代古刹国清寺、唐代诗僧寒山子隐居地寒石山等人文遗迹，自古有"佛宗道源，山水神秀"的美称。

故事　如来和老君斗法的传说

关于天台山还有一个有趣的传说。据说有一天，西天的如来佛祖和天上的太上老君同时盯上了山高谷深、仙气弥漫的天台山，二人都想独霸这座景色如画的仙山，这一佛一仙来到天台山谁也不肯相让，于是斗起法来。如来先抛出一颗宝珠，大鹏鸟护珠助战；老君也抛出一只金刚圈，白鹤童儿扶圈助威，一时间天昏地暗，难分难解。

这一场恶战惊动了南海观音菩萨，为不给天台百姓带来灾难，菩萨急急忙忙驾祥云赶到天台山，软言温语化解了这场斗法。后来，如来和老君达成协议，佛教的五百罗汉道场建在这里，道教则在这里建立了道教南宗，天台山自此成为一座佛道名山。

① 国清寺景区

国清寺坐北朝南，总面积约73000平方米。国清寺是佛教汉化后最具代表性的寺院，自古被列为寺院"天下四绝"之首，是佛教天台宗的发祥地。

全寺建筑依山就势，缓缓升高，共有四殿、六楼、八堂、二亭、二室等80余栋建筑物，连接以各种各样的廊厅、穿堂，组成50多个院子，尚存清代重建殿宇14座，由数十个大小不同、风格各异的院落和建筑群组成。除寺庙殿宇之外，国清寺景区的主要景观还有丰干桥、寒拾亭、七佛塔、一行墓及隋塔等古建筑。

点赞　👍 @寂静之声　在苍茫的暮色里，行走在这古老而朴实的庙宇里，仿佛这里有神圣的佛光，仿佛有许多菩萨在指点迷津，内心感到分外踏实，分外宁静。

② 赤城山景区

　　赤城山位于国清寺西侧，山色赤赭如火，是典型的丹霞地貌，"赤城霞"是为历代名家所称道的奇景。赤城山山上有浙东南著名的尼姑庵紫云洞、道教第六大洞天玉京洞，山顶有建于公元538年的天台山标志性建筑梁妃塔。

　　位于赤城山山腰的济公院是一组融济公形象和精神于一体的建筑群，济公院分济公西院和济公东院，济公西院的建筑风格奇特，依势造房，体现济公的形象和个性，济公西院的前山门朝东而开，名为"袈裟台"，由破袈裟、破帽、破鞋、破扇、酒葫芦等一系列象形小品组成；相比于西院，济公东院要更新一些，是于1996年所建的。

天台山示意图

华顶

四姑坪

林

场

万年寺

下方广寺

水珠帘
铜壶滴漏

迹溪

石枧

中方广寺

石梁飞瀑

铁船湖

④ 石梁飞瀑景区

华顶归云

拜金台

华顶景区 ⑤

岩头墩

华顶寺

华顶林场

石梁镇

双溪

毛竹蓬

水磨头岭

大棚

桃源春晓

岩下奚

龙头颈

华

顶

螺溪钓艇

③ 琼台仙谷景区

冷水坑

桐柏水库

林

琼台夜月

智者塔院

场

桐柏岭脚

西冷坑

高明寺

百丘

▲ 大利头尖

水碓坑

② 赤城山景区

欢中

① 国清寺景区

金五

丽泽

国清寺

螺

石研

赤城栖霞

下徐

墙头曹

溪

利民水库

天台 ◉

❸ 琼台仙谷景区

从赤城山到琼台仙谷大约5千米，琼台仙谷位于天台县城西北7千米处，是一处比较典型的花岗岩地质地貌景观，出露于燕山晚期第三次侵入岩。百丈为该景区的主景线，沿山谷北行，两旁山崖对峙，山势峥嵘峻峭，奇峰纷呈，怪石错列，奇山秀水引人入胜，被誉为"人间仙境"。

百丈下游景色众多，除了琼台双阙以外，主要有百丈龙潭、金庭洞、金鸡报晓、棋盘岩、面壁岩、渡人船、玉兔山等，有的景物由于观察角度不同，形象迥异真可谓移步换形。百丈上游坑边两岸崖壁如斧斫刀劈，更显得幽险。

小贴士

1.天台山夏天常会突然下雨，所以雨伞或雨衣一定要带上，不过景区也有一次性雨衣出售；另外必备的就是一双防滑的登山鞋了，瀑布溪流的石头都比较滑，一不小心就会摔倒。

2.琼台仙谷的山路比较辛苦，最好放在最后一天游览，以免一开始就筋疲力尽了。

❹ 石梁飞瀑景区

石梁飞瀑位于距国清寺22千米的石桥山谷中，属于"天生桥"景观，这是一种两端与地面连接而中间悬空的桥状地形。石梁飞瀑被称为天下第一奇观，两山对峙，一天然石桥横亘其间，瀑如苍龙从梁下奔涌而出，非常雄壮奇丽。

铜壶、铗剑瀑是石梁景区的重要组成部分。铜壶滴漏为天然巨大石瓮，壮如铜壶，水注其中，声若奔雷；铗剑瀑如出鞘之剑，直插深潭，寒冽逼人，旁有天然石龟、水帘洞等景点。石梁景区还有三座有名的寺院，即上、中、下方广寺。

山间栈道

⑤ 华顶景区

华顶景区位于天台县城北26千米的华顶峰上。华顶峰为天台山脉主峰，海拔1098米。这里古木参天，异草遍地，终年云雾缭绕，既是著名的佛国仙山，又是国家级森林公园。

华顶天气凉爽，是得天独厚的清凉世界。这里尤以变幻无穷的云海、璀璨夺目的日出、清香甘冽的云雾茶、灿若云霞的云锦杜鹃、江南罕见的隆冬雾凇和银装素裹的华顶晴雪而名扬中外，"归云、观日、云茶、杜鹃"被称为"华顶四绝"。5月的华顶，数百亩云锦杜鹃竞相开放，形成一片五彩缤纷的花海，景色十分优美。

链接　华顶山的两大宝

华顶山最为有名的就是这里的杜鹃花和云雾茶了。传说中，华顶杜鹃原是山上花神的眼泪化成，这里的杜鹃树古老而苍劲，杜鹃花美丽而壮观，每年的5月份华顶都会举办杜鹃花节，届时将十分热闹。华顶的另一"宝"就是这里的云雾茶，天台山号称"江南茶祖、韩日茶源"，植茶、产茶、饮茶历史非常悠久。

攻　略

住宿　驴友力荐的住宿地

天台的宾馆饭店大多集中在天台县城和国清寺、赤城景区周边，有高、中、低各种不同的档次，住宿较为方便。此外，国清寺、华顶寺、方广寺、万年寺内也有少量客房可提供住宿。

天台宾馆：位于国清寺景区附近，距国清寺只有几百米，是天台两家最好的宾馆之一，房间不大，各项硬件设施尚可，还有活动中心，如保龄球馆、乒乓球室等。

赤城宾馆：位于天台山赤城景区内，是一家按四星级标准而建的旅游涉外饭店，宾馆采用山庄风格建筑模式，内部装饰典雅，站在观景阳台上，脚下一墙之隔就是零星的菜田，菜田往上就是赤城山了，空气清新，环境清幽。

美食　饕餮一族新发现

天台山有当地独特的小吃，饺饼筒是天台最具特色的食品，既可当点心，又能做正餐，十分美味；"五虎擒羊"是宴客的上品，"五虎"指羊片、猪肝、蛋皮、鱼肉、豆腐片等，"羊"是指金针菇、木耳、粉丝、笋丝、菜梗等；"石梁啤酒"是用当地的泉水酿成，清爽可口。天台山景区内有众多的餐厅可以提供就餐，另外在天台宾馆、赤城宾馆也都有餐厅可以就餐。

长屿硐天
中华石文化的精髓

微印象

@夜莺 站在山上可以看到对面的山上有许多未曾开发的"人工石窟",雨后的山野,云雾缭绕,给长屿硐天增加了屡屡仙气。

@昕笙 没去长屿硐天前,还以为和溶洞差不多,去了以后才发现这里气势恢宏,感觉像回到了古老的时代,非常有历史沉淀感。

@小蜜蜂 观夕硐是最值得一去的景点,里面是全天然的大型空调,一走到硐口丝丝凉风吹,让人收不住脚步往里走,甭提有多惬意了。

门票和开放时间
门票:五点联票120元。
开放时间:夏季7:30—17:00,冬季8:00—16:30。

最佳旅游时间
游览长屿硐天景区以夏秋季为佳,此时不仅林木葱郁,风景优美,而且景区内的大石洞还是天然的空调,让人在炎炎夏日中感受到一份难得的清凉。

进入景区交通
位置:台州温岭市新河镇。
交通:温岭高铁站的汽车换乘站可搭乘到滨海方向的中巴,到长屿硐天路口下。

景点星级
人文★★★★　美丽★★★★　特色★★★　休闲★★★　刺激★★　浪漫★★

浙江温岭是我国历史上著名的石板之乡，历经1500多年石工开采遗留下千奇百怪、精美绝伦的石硐群，总面积有16平方千米，形成了规模宏大的人文景区。长屿硐天景区现有28个硐群1314个石硐，这些石硐层层叠叠散布在山间，成为了一道著名的风景。

长屿硐天集雄、险、奇、巧、幽为一体，由八仙岩、双门硐、崇国寺和野山四大景区组成，是人工采石后形成的石文化景观，堪称举世一绝的中华石文化的精髓，被誉为"中华第一硐"。

链接 石板石雕之乡

长屿石板开采始于六朝，至今已有1500多年历史。自唐末五代至宋代，有大量外来移民到这里，石板石料的开采规模有所扩大。尤其是宋代利用长屿的石料修筑海堤和水闸，需求量大增，使长屿的石板石料生产终于发展成为一传统行业。明代时，倭寇扰乱沿海，官军沿海一带建造70多处城池，长屿石板石料又普遍受欢迎。长屿长期的石板开采为后人留下了今天的硐天美景。

长屿硐天示意图

至塘下镇 · 花芯水库 · 野山潭 · 蛇蜥相争 · 鳌龙岩 · 猫头岩
野 山 景 区 · 石蛙跳潭 · 野人瀑
4 乳燕展翅 · 天打岩 · 凤凰瀑 · 明净水库
蟾蜍拜月 · 神鹰岩 · 猕猴桃园 · 龙鳞瀑 · 老猴教子 · 龙潭
仙女哺子 · 清凉硐 · 道源硐 · 净明峭
兴教寺 · 阴凉硐 · 高明硐 · 碧玉潭
八仙岩景区 · 仙岩寺 · 观夕硐 · **双门硐景区** · 水云硐
麒山宫 2 · 凌霄硐 · 透天硐 · 1 · 暑寒硐
翼然亭 · 北斗硐 · 未然亭 · 鹤峰硐 · 阴阳硐
霭云硐 · 双门硐景区
竹林野趣 · 3 · **崇国寺景区** · 上中下硐硐硐
凤冠山 · 长屿中学 · 至温岭市
田湖寺
至新河镇 · 石码头
青莲庵 · N

❶ 双门硐景区

双门硐面积3平方千米,是集青山秀水自然风光和宗教文化、石文化景观于一体的观光、休闲景区,有双门硐、观夕硐、水云硐、双门石窟等景。

观夕硐位于长屿硐天西园区凤凰山北麓,是千年开采留下的最大硐群,有348个硐体,由九曲含珠桥、自然岩洞音乐厅、坐井观天、硐天宝碗、赏月台、观音壁、观止亭等景点和游船娱乐项目串连成线。

水云硐位于长屿硐天园区凤凰山北麓,由52个硐体组成,其中透天硐6个、水硐8个。中国石文化博物馆是水云硐的重要组成部分,为我国最大的洞穴博物馆,由奇石馆、艺术馆、生活馆、采石馆、休闲馆、名人字画馆等展馆组成。

双门石窟位于长屿硐天园区凤凰山北麓,是一处以石窟文化和道教文化为主要特色的旅游胜地,景区内有着十分丰富的摩崖石刻,还有千姿百态的石窟凿像,以及精妙深玄的道家故事壁画。

> **点赞**
>
> 👍 @星星点灯 来到"观夕硐"门口,一股凉风从硐口扑面而来,让人心旷神怡。我们在硐口的小水池里用冰凉的水洗去脸上、手上的汗渍,一股凉气直透心底,把路上的暑气驱走了一大半。

攻略

在双门硐景区内的观夕硐里有一座岩洞音乐厅,在旅游旺季时会提供免费的音乐会演出。岩洞音乐厅高60米,直径约100米,由于洞壁不平,可产生立体声效果,在这里演奏音乐,乐声悠扬,优美动听,每次演出时间为20分钟,旺季时每天有5场演出。

2 八仙岩景区

　　八仙岩景区因山巅有八块山岩得名，以八仙岩寺为中心，连接着石梁簟、石梁古洞、凌霄硐宫等39个景点。

　　八仙岩寺所在地巨崖如削，大雄宝殿倚壁而建，整个建筑构筑奇巧，硐内佛像、菩萨、罗汉等雕像，工艺精湛，栩栩如生。凌霄硐位于长屿硐天东园区凤凰山东侧，由八个硐宫体组成。全宫以生动的立体造型，融声、光、机、电为一体，反映社会几千年的发展历史及神话传说等，设有时空世界、德泽后世、浩气千秋、民德延永、天堂瑶池、惩恶扬善等展馆。

八仙岩示意图

曙光亭
至双门硐景区
凌波湖
凌波山庄
翼然亭
凌霄硐入口
朝源轩
深苔古硐　石梁亭
上方硐　梅庄
观音堂　入口
岱石庙
八仙岩寺
购物区
至兴教寺
石牯牛头
清凉硐
高明硐
道源硐
至净明硐
至野山景区

点赞 👍 @水落石出 长屿的采石匠的智慧完全可以和筑万里长城的工匠相媲美，他们凿成的一个个大小不一的山洞真可谓巧夺天工，浑然天成。

3 崇国寺景区

　　崇国寺建于晋咸和年间（326—334年），距今已有1600多年历史。崇国寺青山环绕，背靠七座山峰，大雄宝殿金碧辉煌，寺内有智者泉等名胜，寺四周古柏参天，风景宜人，登寺后大鹏顶可见东海浩瀚，天水相连。

　　乌龟岩位于崇国寺景区麦芒岙，远眺山顶岩石酷似乌龟。龟背有200平方米，龟头滚圆，两人方可合抱，龟嘴微张，口内可藏几十人，见此景，无人不叹其珍奇。崇国寺对面楼岙山还有上硐、中硐、下硐三个硐体可供参观。

点赞 👍 @十三郎 崇国寺四爪双檐大雄宝殿傲然挺立，远远望去，那金黄色的殿顶闪闪发光，犹如皇帝的皇冠，雄伟的宝殿金碧辉煌，气势不凡。

4 野山景区

　　野山景区位于温岭八仙岩景区的南面，野山、野岭、野岙，保持着原始的自然风貌和生态环境，有天打岩、神鹰岩、翠鸟谷、彩竹石笋、巨蚕上冈、鳌龙归潭、双象、蛇蜥相争、猫观胜负等诸多景点。

　　翠鸟谷长约200米，谷中有一瀑布，下为深潭，游鱼如棱，谷中绿树翠竹成林，为翠鸟的乐园。野山景区双象岩南侧有二石，相距3米余，一石似巨蛇，伸颈吐舌，一石似巨蜥，斜眼张嘴，做争斗状，旁边还有一高约40米的岩石，酷似猫头，似在观看蛇蜥争的胜负。

攻略

苦竹是野山特产，株矮小，枝叶茂，青翠可人，是制盆景的好材料。野山竹林中有天然石笋，高十米许，与竹林配成天然盆景，风景优美。

住宿 驴友力荐的住宿地

　　长屿硐天风景区距离温岭市很近，前往游览一般都是在温岭市住宿，温岭市有各个档次的酒店宾馆，住宿较为方便。

　　温岭栖衡石舍：是台州民宿界知名度较高的山海民宿之一，位于石塘镇，毗邻美丽的金沙滩以及环海绿道，碧海怀抱，风光秀丽。

　　温岭金沙云栖民宿：位于浙江省温岭市石塘镇三岙村三岙岗头85号，共包含5栋别墅、一间接待室、27间客房。

美食 饕餮一族新发现

　　温岭嵌糕是当地的一种特色小吃，是温岭人传统的快餐。制作时先按照一定的比例将早米和糯米打成细粉，上锅蒸熟，然后放在槽臼里用木棍捶打，使糕有韧性，最后包入炒粉干、猪肉、土豆丝、芹菜、洋葱等即可食用，是温岭第一美味早餐。

　　长屿江南农庄与长屿硐天景区毗邻，环境优美，农庄里的菜品以农家菜为主，新鲜美味，农庄里有260多亩荷花地，是台州市最大的荷花观赏基地。在这里还可以欣赏到微缩版的"断桥""西泠桥""三潭印月"等景点，处处散发着江南水乡风情。

仙居风景区

上有天堂 下有仙居

@溪岭 神仙居风景区很大，森林覆盖率较高，空气新鲜；山体的岩石形状诡异，怪石嶙峋，很有特点。

@八爪鱼走天下 皤滩古镇是我非常喜欢的地方，因为她原汁原味的古老气息，特别是针刺无骨花灯，非常值得一看。

门票和开放时间

门票：神仙居109元，景星岩55元，皤滩古镇35元，淡竹休闲谷50元。

开放时间：神仙居和淡竹休闲谷8:00—16:00，景星岩8:00—18:00，皤滩古镇全天开放。

最佳旅游时间

仙居景区全年都适合旅游，特别是5月至6月的雨季，可以欣赏到瀑布的壮美。冬季也是一个不错的选择，看着晶莹的雪花装扮整个景区。

进入景区交通

位置：台州市仙居县白塔镇；皤滩古镇在神仙居北5千米皤滩镇；淡竹休闲谷位于仙居县淡竹乡尚任村；景星岩景区在神仙居东4千米处。

交通：仙居汽车站下车后，可乘旅游车或打车约10元即可到仙居风景名胜区。景区内的景点间可乘旅游车或者打车。

景点星级

美丽★★★★　特色★★★★★　刺激★★★　浪漫★★★　人文★★★　休闲★★

在风景如画的江南，有一个如烟似幻的地方，那里山清水秀，云雾朦胧，仿佛是仙人腾云驾雾，大有众星捧月之势，因此有着"人间仙境"的美誉，这就是仙居风景区。

仙居自然风光壮丽独特，丰富多彩，集"奇、险、清、幽"于一体，汇"峰、瀑、溪、林"于一地，是旅游观光、避暑纳凉、科学研究、度假休养的理想之地。清翰林院学编修潘未游后赞曰："天台幽深，雁荡奇崛，仙居兼而有之。"

1 神仙居

神仙居以西罨幽谷为中心，形成峰、崖、溪、瀑景观。景区为典型的流纹岩地貌，景观丰富而集中，奇峰环列，山崖陡峻，峰崖的相对高差多在100米以上，基岩落石处处成景，溪水与瀑布长年不断，幽深奇崛。

> **点赞**
> 👍 @春花秋月 天台幽深，雁荡奇绝，仙居兼而有之，在这里游览一番，果然名副其实。

落差有100米的飞天瀑是神仙居最美的瀑布，它的水随着季节与雨量的变化，随着风的吹动会呈现各种各样的状态。大风吹起瀑布随风左右摆动，最大的幅度达20米，这个瀑布还有一大特点，就是当水量比较小，风也不大的时候，如果大家站在底下对着瀑布大声喊，瀑布受声波的影响时急时缓，宛如被惊吓的小姑娘。

攻略

1.景区内的瀑布景观琳琅满目，而且形态各异，是爱好摄影朋友们的天堂。每年的5月份是拍摄的最好时节。

2.神仙居风景区附近的钱坑村有一片油菜花田，每年的3月至4月，这里都举办"油菜花节"。在油菜花海的连绵金黄中，沐浴着明媚的春光，听一听富有地方特色的仙居山歌，将会是极大的享受。

神仙居示意图

攀崖表演
财神洞
卧龙潭
休闲山庄
擎天柱
睡美人
天柱潭
狮子峰
摩天峡谷
入口
怡居苑
仙人饭庄
三折瀑
虎女瀑
情侣石
玉勺潭
小卖部
商品屋
玉婉瀑
火山口
娱乐场
(拐杖潭)
一问仙桥
入口
元宝潭
仙有茶庄
小卖部
松香桥影
情侣林
停车场
瀑布
仙女沐浴池
飞天瀑
将军岩
观音洞
观瀑亭
象鼻瀑
天池
螺丝峰
仙人山庄
半山亭
龟源潭
瀑布
一指擎天
天外飞瀑
二级服务站
天槽飞瀑
壮士崖
羞女峰
瀑布
松鼠望月
双恋架日
环游道
单驼峰
瀑布

② 景星岩

景星岩整座山体南北长而东西狭，首尾昂起，像一艘巨型的大轮船停泊于此，两台高速电梯将游人直送景区鬼斧神工的奇峰峭壁，使得仙台鹿颈亭、响铃岩、神龟探月、望月长廊等景点更加惟妙惟肖，绮丽如画的翠竹秀林构成了这里的奇特景观。

响铃岩是一座高百余米，由三座悬崖形成一条宽不足一米的纵深沟壑。响铃岩之所以得名是因为将石关投进山壑之中击撞左右碉壁，"铃声"震荡、余音叮当，至上到下声音达半分钟之久，因而当地人将其称之为"响铃岩"。

链接　响铃岩的掷石传说

一般游客都会在响铃岩上拿起两块石头扔上一扔，而且扔的方法不一样。前一块是用右手举起使劲扔，后一块则是放左手心慢慢扔。据说前一块代表晦气、烦恼，所以要狠狠地扔；后一块则代表心愿，心想什么，这块石头扔出后愿望就会实现，所以要慎重地轻投。故响铃岩也叫"洗心谷"，投石闻声，乐趣无穷。

攻略

景星岩上有个望月宾馆，是观赏月色和日出的好地方。再往南50米的样子，游道东建有一个二层楼房，名曰"望月楼"，据说晴天用高倍望远镜在这里能望到东海。再往南100~150米，可以远眺望月长廊的全貌，从这个角度观看，望月长廊的建筑显得玲珑、秀气和精致，给山顶景致增色不少，是值得驻足的一个看点。

❸ 淡竹休闲谷

　　淡竹休闲谷是以竹林和瀑布为特色的生态旅游景区，这里有100多种国家保护和濒危珍稀野生动植物，享有"天然药物宝库"的美誉。景区集自然风光与生态旅游项目为一体，分休闲游览区、科普观赏区和森林探险区。

　　景区从石头村到茅草山庄的 7 千米溪谷休闲区中可尽情享受天然浴场、农家乐、茶馆品茗和休闲度假等农家田园情趣；从茅草山庄到龙潭虎穴这段沟谷清泉交汇线为科普观赏区，将会感受到生物的多样性和大自然的和谐旋律，让人心旷神怡，流连忘返；如果尚未过瘾，可再往深山老林迈进，即为森林探险区，可真正体验到原始森林的苍翠和神秘。

点赞 👍 @流川枫 驱车在淡竹休闲谷行驶，沿途风光不错，空气清新，溪水清澈见底，当地百姓热情好客，这里的美食也是原汁原味，是个休闲观光的好去处。

❹ 皤滩古镇

　　皤滩古镇是一个商贸古镇，源起唐宋。其核心景点为一条2.5千米的九曲龙形古街，尽显风水之妙，街内店铺林立，店牌字号比比皆是，当铺、钱庄、茶楼、酒肆一应俱全，附近还有桐江书院，是东南理学正渊，皤滩民俗中的无骨花灯闻名中外。

　　古街形似一条龙，西为龙头，东为龙尾，中段弯曲成龙身。龙头所对正是五溪汇合点，龙尾所在处是一座国内罕见的砖雕牌坊，高3.5米，跨度8米，所用砖头外表上刻着一组组玲珑剔透、栩栩如生的龙凤、麒麟、仙鹤等图案。龙形古街的一个显著特点是看似尽头，转弯却又是另一古街境地，让人有"山重水复疑无路，柳暗花明又一村"之感。

链接　皤滩古镇的无骨花灯

　　皤滩无骨花灯起源于唐朝，据当地宗氏堂薄记载，明朝万历年间，皤滩民间就有盛大的闹花灯活动，当时人们把花灯称为"唐灯"。这种灯造型别致，工艺独特，制作精美，小巧玲珑，古朴典雅。更奇的是，灯身没有骨架，全由用绣花针刺成各种花纹图案的纸片粘贴而成，且轻巧能飞，所以，外宾又称它为"神奇的无骨花灯"。

攻　略

住宿　驴友力荐的住宿地

　　到仙居风景区游览可在景区周边住宿，不过大多数游人都会选择到仙居县城住宿，县城距离仙居景区不远，住宿的选择也更多。

　　帕菲克精品酒店：位于环城南路，是一家电影主题酒店，由我国台湾地区的设计团队精心打造，这里拥有空中主题餐厅，景观露天酒吧，世界之城主题、十大系列客房近100间套，停车位100多个。

　　仙居景星宾馆：位于景星岩风景区巅峰处，拥有典雅幽静的望月楼、梦月楼、奔月楼等住宿楼，还有古色古香的醉月楼餐厅，别有诗意的多功能厅等设施。

　　仙居东方大酒店：位于仙居县城北东路179号，地处市中心繁华热闹的地段，交通十分便利。

美食　饕餮一族新发现

　　仙居县美食有仙居八大碗、仙居三黄鸡、仙居杨梅、三门湾锯缘青蟹、鸡子面等。当地还有很多小吃，如金黄色的百合苔饼、美味营养的扁豆仁糕，都是当地十分受欢迎的美食。

　　仙居八大碗：即采荷莲子、湘子海参、钟离翻碗肉、国舅泡鲞、洞宾大鱼、铁拐敲肉、仙姑肉皮泡、国老豆腐。八大碗营养丰富，味道鲜美，是浙江名菜。

　　仙居杨梅：具有健脾开胃、增进食欲、促进消化等天然保健功能。在仙居流传着这样的说法："日啖杨梅三百颗，不辞长做仙居人"。

　　三门青蟹：金秋九月蟹肥膏黄的时候，便是三门青蟹最热销的时候，青蟹的做法有很多种，如清蒸青蟹、芙蓉青蟹、姜葱青蟹、青蟹豆腐煲、百花青蟹丸等。

购物　又玩又买嗨翻天

　　仙居三黄鸡：是我国著名的地方种鸡，在《中国家禽志》中排名首位，是典型的地方小型鸡种，体形小巧、毛羽鲜亮。仙居鸡具有产蛋率高、性成熟早、耐粗饲、肉质细嫩、味道鲜美、营养丰富等优点，在国内外享有较高的声誉。

　　仙居有机茶："喝仙居有机茶，做人间活神仙"，仙居有机茶色、香、味俱佳，1991年获浙江省茶叶学会斗茶会优良奖。

　　仙居黄花菜：仙居县地处浙南丘陵山区，土壤以沙土为主，气候温暖湿润，雨量充沛，其种植黄花菜已达300年，传统优良品种具有早熟、抗病、丰产、优质等特点。

神仙居的春天，到处都被金黄的油菜花点缀着。傍晚的炊烟袅袅，让这里多了一丝人间烟火的气息。

江南长城

江南水乡的"八达岭"

微印象

@铁血丹心 在临海的长城，我看到了长城的别样风味。江南长城有着不一样的雄伟，而且跟周边的环境映衬出了一幅缠绵的柔美，可以说是刚中有柔，柔中带刚！

@火神 长城是戚家军设计建造的，用来对付倭寇，其中二层的炮台为戚家军首创，后被广泛运用到北方各地的长城建设；总体感觉不错，值得一去，物超所值。

门票和开放时间

门票：55元。

开放时间：7:00—17:30。

最佳旅游时间

每年的4月至10月是江南长城景区的旅游最佳时节，5月可以欣赏到古木参天、城墙掩映在青绿丛中的景色。

进入景区交通

位置：台州临海市北山路。

交通：乘坐205路公交揽胜门广场下车可到。

景点星级

人文★★★★　特色★★★★　美丽★★★　刺激★★★　浪漫★★★　休闲★★

提起长城，很多人会联想到北京的八达岭长城，它那雄伟的气势吸引着无数人。然而，在山水灵秀的江南，同样有着令人向往的长城景观，那就是江南长城。

江南长城长6000余米，现存5000米，东起揽胜门，沿北固山山脊逶迤至烟霞阁，于山岩陡峭间直抵灵江东岸，延伸至巾山西麓，依山就势，俯视大江，矫若巨龙，雄伟壮观，尤以北部最峻，与北京八达岭长城形神俱肖，人称"江南八达岭"，整个长城呈"C"字形。目前，仍保存有靖越门、兴善门、镇宁门、望江门、括苍门等城门，还有4座瓮城、8个敌台、13个墩台（烽火台）。

链接　江南长城的来历

江南长城始建于晋，扩建于唐，明朝以前这里存在临海古城墙，明朝名将戚继光在临海抗倭8年，会同台州知府谭纶改造了临海古城墙的结构，将其加高加厚，并创造性地修筑了13座二层空心敌台，极大地增强了防御能力，后来，戚继光调任蓟镇总兵，修筑了八达岭等长城，因此人们称临海这段长城为"江南长城"。

江南长城示意图

从揽胜门广场出发，穿过写有"雄镇东南"四个大字的石牌楼，就可看到气势宏伟、十分陡峭的登城石阶。这段石阶有个响亮的名字，即"好汉坡"。"好汉坡"分成3段，每一级台阶大约有40厘米高，共有198级。拾级而上，就是古城墙的入口处"揽胜门"了。古朴淡雅的城墙慢慢地将人带入数千年的历史变革之中。漫步于城墙上，两边松柏苍翠，落英缤纷，与北京长城上的拥挤和热闹相比，真是别有一番情趣。

江南长城有一个明显的特征，城墙的内外两侧一高一矮，外墙高约1米，且间有空隙，而内墙高约0.5米，且连绵不断。明朝大将戚继光为对抗沿海倭寇入侵而修筑的空心敌楼是自成一体的防守体系：城上有台，台上建楼，楼台之间，可作瞭望之用。楼顶可站岗、施放报警狼烟，楼下可屯兵和储存粮草弹药。作战时上下协调，构成立体式火力网，这在冷兵器时代的中国也是一大创举。江南长城古城墙的一砖一石，无不铭刻着沧桑的历史印记，体现着中国古代人民的智慧。

链接　临海城墙的设计艺术

临海城墙在修筑设计上，采取了特有的措施，把瓮城修成弧形，特别是把"马面"迎水的一方修成半圆弧形（其余一方仍为方形），这样既可防洪又可以挡住敌人的进攻，在全国古城墙中十分罕见，目前尚属孤例。

顾景楼再向前行，便是最为陡峭的"巾"。头巾飘然而下，化作巾山双峰，从此，这座山被称为"巾子山"，两峰之间的一块石壁上，尚留有"遗巾处"三字。

点赞　👍 @鹰击长空 江南长城198级台阶几乎呈45度，有一种"蜀道难、难于上青天"的感觉，很是雄伟。

再往前走就是烟霞阁，远远看去，烟霞阁凌空高耸，气势非凡。过烟霞阁不远，便是"江南圆天坛"。这是"圆和九的世界"，在细部结构上分成"三层九重环"的圆合，白玉色的扇形台板、台阶、栏杆等都是九和九的倍数。站在坛中间的圆环上一跺脚，就能听见立体声般的回音。由此而下，城墙突然间又变得陡峭起来，这便是所谓的"江南八达岭"了。它是整个江南长城的精华，堪称北京八达岭的"蓝本"。

小贴士

烟霞阁附近就是灵江，在每天夕阳西下的时候，可以欣赏到霞光映射、灵江水气蒸腾如烟的景象。这里是摄影爱好者的天堂，轻纱般的烟雾缠绕，亭楼殿阁在掩映中时隐时现，使人超凡出世之感油然而生。傍晚霞光出现时间较短，摄影时需注意调整相机的角度和亮度。

攻　略

住宿　驴友力荐的住宿地

江南长城景区位于临海市中心附近，住宿地方较多，有临海华侨大酒店（临海大道1号，近开发大道）、安缦·轻氧酒店（靖江中路193号）、临海远洲国际大酒店（崇和路238号，近人民路）等。

美食　饕餮一族新发现

当地著名的小吃有蛋灌麦饼、临海馄饨、糟羹、青团等。
临海市附近农家乐比较多，提供垂钓、烧烤、农业野趣等休闲娱乐服务。

购物　又玩又买嗨翻天

江南长城附近有著名的紫阳古街，街道从北到南全长1080米，街上古迹众多。古街两侧商铺林立，药铺、染布坊、茶馆、酒楼等百年老店鳞次栉比，热闹繁荣，商店售卖的商品主要以特色手工艺品为主。临海的当地土特产有大石葡萄、临海杨梅、临海蜜橘等。